全民健身计划系列丛书

跆拳道

张 迪 / 编著

吉林出版集团股份有限公司
全国百佳图书出版单位

图书在版编目（ＣＩＰ）数据

跆拳道 / 张迪编著. –– 长春 : 吉林出版集团股份
有限公司, 2021.1（2021.10重印）
（全民健身计划系列丛书 / 王晓亮主编）
ISBN 978-7-5581-9518-1

Ⅰ.①跆… Ⅱ.①张… Ⅲ.①跆拳道—基本知识
Ⅳ.①G886.9

中国版本图书馆CIP数据核字(2020)第251775号

TAIQUANDAO
跆 拳 道

张　迪　编著

责任编辑　田　璐　朱万军
封面设计　张振东
版式设计　吉林国艺图书有限公司
责任印刷　王　起

出　　版　吉林出版集团股份有限公司
发　　行　吉林出版集团青少年书刊发行有限公司
地　　址　长春市福祉大路 5788 号
邮政编码　130118
电　　话　0431-81629800
传　　真　0431-81629812
印　　刷　永清县晔盛亚胶印有限公司
版　　次　2021 年 2 月第 1 版
印　　次　2021 年 10 月第 2 次印刷
字　　数　100 千字
开　　本　720mm×1000mm　1/16
印　　张　8
书　　号　ISBN 978-7-5581-9518-1
定　　价　36.00 元

版权所有　翻印必究

全民健身计划系列丛书
编委会

主 编

王月华　　张　颖

副主编

方　方　　范美艳

编　者

丁雪飞	于　洋	王小亮	王月华
王玟玥	王思臻	方　方	文博洋
丛广惠	白赞路	许沂铭	张　颖
张艳玲	张　月	张彦杰	张　楠
宋丽颖	苏雅娟	范美艳	唐　堃
董诗雨	董博宇	李　兵	吕国宏
杜　洋			

《跆拳道》
编写人员

张　迪

前　言

　　党的十九大报告指出："广泛开展全民健身活动，加快推进体育强国建设。"当全民健身上升为国家战略后，日常参与健身的人群将日益扩大，大家将以各种方式强健体魄，获得感和幸福感油然而生。

　　面对这样可喜的局面，吉林出版集团股份有限公司青少年书刊出版发行事业部和吉林体育学院编写组共同策划、编写了"全民健身计划系列丛书"。

　　"全民健身计划系列丛书"能够顺应国家有关体育的大政方针，把握时代脉搏，对指导大众健身有很好的促进作用。丛书图文并茂，实用性强，力争有所创新，包括球类运动、体操健身运动、传统武术、体育舞蹈、休闲运动、格斗运动和民间体育活动等项目，通过高清图片分解健身步骤，使读者用简单易行的锻炼方式达到良好的健身效果。读者在学习的过程中，不仅能够掌握运动健身的方法，还能够学到保健方面的基本知识。

　　吉林体育学院的老师作为专业的体育工作者，把高等院校的理论资源转化为实践成果，使"全民健身计划系列丛书"更加具有权威性、科学性、实用性，也更贴近健身人群的需求。

　　希望本丛书能为社会各界热爱健身的人士提供指导与帮助。

目　录

1

第一章

概述

跆拳道是一种手足并用的传统搏击格斗术，以紧张激烈、惊险刺激的腿法对抗为主要形式，能够强健体魄，磨炼意志。同时，跆拳道运动要求练习者必须讲究文明礼仪和道德规范，所以练习者可以受到很好的道德礼仪教育。近年来，跆拳道运动越来越受到世界各国人民的喜爱，享有"世界第一搏击运动"的美誉。

第一节 起源与发展

跆拳道是源于朝鲜半岛的一个古老的传统运动项目，是在引进、吸收中国传统武术及日本空手道的基础上，创新发展起来的一门独特武术。

一、起源

跆拳道古称"跆跟""花郎道"，是一种起源于古代朝鲜的民间武艺。

1910 年，日本吞并朝鲜半岛后建立了殖民政权，曾一度下令禁止所有的朝鲜文化活动，跆拳道自然在劫难逃。这个时期，跆拳道技艺在朝鲜境内销声匿迹，流浪到日本和中国的跆拳道武者，把跆拳道与日本的空手道和中国的武术融合到一起，使跆拳道得到了充实和发展。

第二次世界大战后，流落他国的许多朝鲜人相继回归故里，同时也将各国的武道技艺带回国内，并进一步将这些技艺和跆拳道技法融为一体，去粗取精，融合发展，逐渐形成了现代跆拳道运动的基础体系。

二、发展

跆拳道运动经过长期的发展，竞技水平不断得到提高，逐步发展为奥运会正式比赛项目。

(一)传播

第二次世界大战结束后，跆拳道得以重新崛起，为使这一国技得以发扬光大，韩国于1961年9月成立了唐手道协会，后更名为跆拳道协会。跆，意为蹬踢，腾跃；拳，意为用拳击打，防御；道，意为练习的方法，也是一种民族精神的体现。

1966年，国际跆拳道联盟(ITF)成立。1973年5月，世界跆拳道联盟(WTF)在韩国汉城(今首尔)成立。

第一届世界跆拳道锦标赛和第一届亚洲跆拳道锦标赛分别于1973年和1974年在韩国汉城(今首尔)举行。

1975年，世界跆拳道联盟被正式接纳为国际体育联盟会员。

1980年，国际奥委会正式承认世界跆拳道联盟。

1994年9月，经国际奥委会正式通过，跆拳道被列为2000年奥运会正式比赛项目，设男女各四个级别的比赛项目。

目前，国际跆拳道联盟已经成为完全独立的国际体育组织，跆拳道运动也已成为正规比赛项目。在世界锦标赛、亚洲锦标赛和亚运会上设有男女各八个级别的比赛项目。

（二）机构与赛事

1. 机构

世界跆拳道联盟（WTF）简称世界跆联，现有 144 个会员。中国跆拳道协会成立于 2004 年，1995 年 11 月加入世界跆拳道联盟。

2. 赛事

（1）奥运会跆拳道比赛，每四年一届。

（2）跆拳道世界锦标赛，每两年一届。

（3）跆拳道世界杯赛，每两年一届。

（三）发展趋势

1. 国内趋势

中国的跆拳道运动起步较晚，但发展很快。1995 年 5 月，在北京体育大学举行了第一届跆拳道锦标赛。从此，跆拳道运动在中国迅速发展起来。

如今的跆拳道运动已不只是一种具有高度攻击能力的运动，而且还是一种精巧的形体艺术和健身方法。它运用骨骼、肌肉、关节的活动来调整身体，是一种全身性运动。由于此项运动对身体素质有一定的要求，所以比较适合青壮年练习。

2. 国外趋势

通过对跆拳道基本技术动作、套路的研习，可以大大提高身体的灵巧性、柔韧性，达到健身、怡情的目的。因此，跆拳道这门拳脚相交的格斗技艺，在世界范围内蓬勃发展起来。跆拳道运动凭借着自身完善的体制和超凡的魅力征服了世界；同时，跻身奥运会，使竞技跆拳道有了更广阔的发展前景，从而形成产业链，促进其综合发展。

第二节 场地、器材和装备

进行跆拳道运动的场地和装备应符合该项比赛的规则要求，以达到训练效果。

一、场地

（一）规格

比赛场是 12 米 ×12 米见方的场地。

比赛区是 8 米 ×8 米的正方形区域，上面铺有一定弹性的垫子。比赛区在比赛场之内。

（二）要求

1. 跆拳道比赛场地一定不能有任何障碍物。

2. 根据实际情况，比赛场地可高出地面 50～60 厘米。

3. 为了安全，可装置平衡比赛台的支撑装置，要求支撑装置与地面呈 30 度以内角。

4. 比赛区以外和比赛场以内之间的区域称警戒区，比赛区和警戒区用不同颜色区分，在同色的情况下用 5 厘米宽的白线区分。

5. 用来区别比赛区和警戒区的线称为警戒线，最外面的白线（12 米 ×12 米）称为限制线。

二、器材

1. 比赛保护器材

比赛保护器材包括头盔、护胸、护手臂、护裆（男用）、护脚、护阴（女用）和护甲等。护甲的颜色为红色或蓝色，要穿在道服外面，头盔的颜色要与护甲的颜色一致。

2. 训练保护器材

训练保护器材包括护手指套、护腕、护齿、护面罩、护踝和护脚背等。

三、装备（服装）

1. 款式

专用服装包括白色道服、白色道裤、道带和跆拳道鞋等。在正规比赛时规定的道服是白色的。也有其他颜色的道服，但都是不正规的。道服并没有级别，级别主要体现在腰带上。

2. 要求

系扎道服用的腰带颜色各异，以颜色区分运动员的段位级别。

一般分法为十级白带、九级白黄带、八级黄带、七级黄绿带、六级绿、五级绿蓝带、四级蓝带、三级蓝红带、二级红、一级红黑带、黑带。

（1）白色腰带，最低级别，象征纯净、正统，代表入门级别。

（2）黄色腰带，大地的颜色，象征正处于打基础的阶段，要注意打下坚实的基础，技术才能提升。

（3）绿色腰带，树木的颜色，象征技术和突破，大树般茁壮成长，已经具备一定的水平。

（4）蓝色腰带，天空、大海的颜色，象征对技术的掌握已经达到很高的水平，预示进一步锤炼自己的技术及百折不屈的精神气质，同时注意戒骄。

（5）红色腰带，太阳的颜色，代表技术已经具备非常大的威力，但是还不能收放自如，寓意为此时的技术及气质应具备威慑力、震撼力，同时注意忍耐，并且戒躁。

（6）黑色腰带，与白色相对，象征技术和心态的成熟，能够冷静、果断地面对危险及困难，并且是一个新境界的开始。

同时，腰带中间还穿插间色带，如白黄带、黄绿带、绿蓝带、蓝红带，红黑带，这些腰带寓意为练习者提醒自己正处于攀登阶段，努力进步则成为更高级别，松懈则会退回原地。

黑带之前均为级别。十级最低，为白色腰带；一级最高，为红黑色腰带。扎上黑色带以后，级别分段位，一段最低，九段最高。

2

第二章

运动保健

体育运动对增强体质、预防疾病和促进人体健康具有良好的作用。但是，并非所有人做相同的运动都会达到同样的效果。对于同一种运动负荷，不同的人机体反应差异很大。即使是同一个个体，在不同时期、不同机能状态下，对同一负荷的反应及收到的效果也是不一样的。因此，对于不同个体，应制定适合其机能需要的运动强度、时间、频率和持续周期。从事体育锻炼一定要讲究科学性，使机体最大限度地获得运动价值，使某些疾病得到有效的防治或祛除。

第一节　自我身体评价

自我身体评价是指根据个体的不同情况，以及简单的功能评定标准，对锻炼者进行身体评价，并以此为依据，确定具体的锻炼内容。

一、适宜人群

体适能是全身适应性的一部分，是人体对现代生活的适应能力。为了促进健康、预防疾病、提高生活质量和工作学习效率，几乎所有人都可以追求健康体适能，而且经过简单的评价和测试，均可以成为目标人群，即适宜人群。

（一）健康体适能评价标准

健康体适能是指身体有足够的活力和精力处理日常事务，不会感到过度疲劳，并且还有足够的精力去享受休闲活动或应付突发事件。

健康体适能是确定锻炼者是否为运动适宜人群的主要依

据。目前的评价标准主要包括国民体质测定标准、学生体质测定标准和普通人群体育锻炼标准等。

国民体质测定标准主要包括形态指标、机能指标和素质指标 3 部分，各项指标的测定结果为 1 ~ 5 分，共 5 个级别。凡各项指标达不到 4 分或 5 分者，均应纳入健身人群。

学生体质测定标准分为优秀、良好、及格和不及格 4 个级别。优秀水平以下者，均应被纳入健身人群。

普通人群体育锻炼标准分为 5 个级别，凡达不到 4 分或 5 分者，均应纳入健身人群。

(二)简易运动功能评定

简易运动功能评定的目的在于确定锻炼者有无运动禁忌症或临时运动禁忌，即是否适合参加体育锻炼，以防万一，避免意外事故发生。目前通行的方式为 3 分钟踏台阶测试。

1. 目的

测试锻炼者运动后心率恢复情况，以评估其心肺功能。

2. 器材

30 厘米高的长凳、节拍器、秒表和时钟。见图 2-1-1。

3. 步骤

(1)节拍器设定为每分钟 96 次，测试者依"上上下下"的节拍运动 3 分钟，每次踏上台阶应达到直膝，而且先踏上的脚先落下。

(2)测试者完成 3 分钟踏台阶后，5 秒钟内开始测量脉搏，时间为 1 分钟，记录下心率，并依据表 2-1-1 评价功能水平。

(3)运动后心率越低，证明心肺功能越好，在运动强度允许的范围内，锻炼者可选择运动强度的较高值来进行运动。

4．注意事项

如测试者经过努力仍无法达标，或出现头晕、胸闷、出冷汗等症状，应立即终止测试。运动中应特别考虑运动强度，以防止出现意外。

图 2-1-1

表 2-1-1（单位：次／分钟）

	年龄(岁)	欠佳	尚可	一般	良好	优异
男士	18~25	>115	105~114	98~104	89~97	<88
	26~35	>117	107~116	98~106	89~97	<88
	36~45	>119	112~118	103~111	95~102	<94
	46~55	>122	116~121	104~115	97~103	<96
	56~65	>119	112~118	102~111	98~101	<97
	65+	>120	114~119	103~113	96~102	<95
女士	18~25	>125	117~124	107~116	98~106	<97
	26~35	>128	119~127	111~118	98~110	<97
	36~45	>128	118~127	110~117	102~109	<101
	46~55	>127	121~126	114~120	103~113	<102
	56~65	>128	118~127	112~117	104~111	<103
	65+	>128	122~127	115~121	101~114	<100

二、锻炼目标

锻炼目标应根据锻炼者不同的身体状况来确定，可分为近期目标和远期目标。此外，确定锻炼目标还应结合锻炼者的运动意向、愿望、兴趣，以及本人的健康状况等因素来进行。

（一）近期目标

近期目标是指锻炼者初期应达到的目标。在进行运动前，应首先明确锻炼目标，即近期目标。选择一两个健康体适能构成要素，作为未来两个月内努力完成的目标，而且应从成功概率较高的构成要素开始，并将预期两个月后要达到的目标做上记号，如提高某个或某些关节的活动幅度，增强某块肌肉或某肌肉群的力量等。

（二）远期目标

远期目标是指锻炼者最终要达到的目标。实践证明，经过科学合理的锻炼，锻炼者是可以达到一般的远期目标的，如提高心肺功能，使其达到优秀的等级，或达到降血脂和防治高血压、冠心病的目的等。

三、运动负荷

运动负荷即运动量。怎样控制运动量、合适的运动时间是多少等，一直是有争议的问题。但有一点是可以肯定的，任何的意见和建议，都需要综合考虑锻炼者的身体状况和所要达到的目标，并以此为依据来制订科学的身体锻炼计划。

（一）运动强度

在运动过程中，运动强度过小，无法达到锻炼效果；运动强度过大，不仅达不到最佳的锻炼效果，还可能产生一些副作用，甚至出现意外事故。确定运动强度有两种方法，即心率简易推测法和主观感觉疲劳分级表推测法。

1. 心率简易推测法

（1）年龄在 20 岁左右的年轻人，身体健康，能坚持体育锻炼，欲进一步提高身体机能，可取最大心率值（最大心率值=220-年龄）的 65%～85%。

（2）年龄在 45 岁以下，身体基本健康，有运动习惯者，开始进行健身锻炼，可取最大心率值的 65%～80%；没有运动习惯者，开始进行健身锻炼，可取最大心率值的 60%～75%。

（3）年龄在 45 岁以上，身体基本健康，有运动习惯者，开始进行健身锻炼，可取最大心率值的 60%～75%；没有运动习惯者，建议根据自身情况咨询专业人员来指导和确定运动强度。

2. 主观感觉疲劳分级表推测法

运动的疲劳程度大致分为 10 级，具体为：0～1 级，没感觉；2～3 级，尚轻松；4～5 级，稍累；6～7 级，累；8～9 级，很累；10 级，精疲力竭。因此，健身锻炼的运动强度应控制在主观感觉疲劳程度的 4～7 级之间。

（二）运动频率

运动频率是指每日及每周锻炼的次数。一般每周锻炼 3～4 次，即隔日锻炼 1 次即可。充足的休息时间可使机体得到充分的休息，能收到更好的锻炼效果。

（三）运动持续时间

运动强度和运动持续时间决定了一次锻炼的运动量和热量消耗。运动持续时间与运动强度成反比，运动强度大，运动持续时间可相应缩短；运动强度小，则运动持续时间相应延长。一般的健身锻炼，运动持续时间以每天 20 ～ 60 分钟为宜，其中包括准备活动时间、健身锻炼时间和整理活动时间。每次健身锻炼应在 20 分钟以上，锻炼可一次性完成，也可分段进行，但每段活动时间应在 10 分钟以上。

第二节 运动价值

运动价值是人们一直在探讨的问题。一般认为，运动具有两个方面的价值，即健身价值和心理价值。身体和精神的健康是相互依存的，伴随着身体功能的改善，精神状况也能同时得到改善。

一、健身价值

健身价值在于提高体适能。体适能包括心肺耐力素质、肌肉力量素质、柔韧性素质和身体成分等。体适能的发展是积极从事锻炼的结果，只有规律性的体育锻炼才能达到最佳的体适能。

(一)提高心肺耐力素质

心肺耐力是指全身肌肉进行长时间运动的持久能力，是体内心肺系统对身体各细胞的供氧能力。人体的心脏、肺、血管、血液等组织的功能是心肺耐力的基础，与氧气和营养物质的输送以及代谢物的清除有关。健全的心肺功能是健康的基本保证。

系统的体育锻炼，可以使心肌增厚，收缩力加强，心室容积增大，从而使心脏的泵血功能增强，表现为心血输出量增加，心脏的能力得到提高。

系统的体育锻炼，也可使呼吸系统机能得到提高，表现为呼吸肌力量增强，肺活量、肺通气量明显增加，呼吸系统的工作能力提高，同时还提高了向机体供氧的能力。

系统的体育锻炼，可以促进血管系统的形态、机能和调节能力，提高机体的工作能力。

系统的体育锻炼，可以使血液系统产生某些适应性变化，如血容量增加、血黏度下降、红细胞膜弹性增强、红细胞变形能力增强等。

（二）提高肌肉力量素质

肌肉力量是指肌肉最大收缩产生的对抗阻力或负荷的能力。肌肉力量只有达到一定程度，才能克服外界阻力，而克服外界阻力是维持日常生活自理能力，从事各种劳动和运动的必要前提。

系统的体育锻炼，可以提高肌肉的生理横断面积，改善神经系统对肌肉收缩的支配功能，还可以提高肌肉内代谢物质的储备量，以有效地提高肌肉质量，使肌肉力量得到提高。

（三）提高柔韧性素质

柔韧性是指人体各关节的活动幅度，即关节的肌肉、肌腱和韧带等软组织的伸展能力。柔韧性对于保证正常生活质量、维持正常体态、预防损伤发生和减轻损伤程度等方面均起着至关重要的作用。

通过系统的体育锻炼，可以延缓因年龄因素而导致的身体柔韧性下降，预防因缺乏运动而导致的关节结构、周围软组织和膝关节肌肉退化，从而使锻炼者在日常生活、劳动和运动时充满活力。

（四）改善身体成分

身体成分是指人体体重中的脂肪组织和去脂组织的重量百分比。身体成分中的脂肪成分增加，肌肉成分必然下降。身体中不具备收缩功能的脂肪组织增加，必然导致身体进行各种活动的能力下降、基础代谢水平降低和肥胖症、冠心病、高血压、糖尿病、高血脂等慢性疾病发病率的升高。因此，合理的身体成分是保证人体健康的重要内容之一。

系统的体育锻炼可以使锻炼者的体质得到增强，这样，热量消耗便会随之增加，进而燃烧体内多余的脂肪，使身体成分得到改善。而身体成分的改善，又可以减少体重对关节带来的不利影响，还可以使肥胖者的心理状况得到改善，增强其自信心，逐步建立健康的生活方式。

二、心理价值

研究证明，体育锻炼不但可以使锻炼者增强体质、促进身体健康、预防慢性疾病，还可以提高锻炼者的生活满意度和生活质量，对其心理健康产生明显的积极影响。

体育锻炼的心理健康效应主要表现在以下 6 个方面：

（一）改善情绪状态

1. 短期效应

研究发现，体育锻炼对人的情绪状态具有显著的短期效应。运动后人们的焦虑、抑郁、紧张和心理紊乱程度显著减轻，而精力和愉快程度则显著增强。这种情绪的迅速变化，与锻炼者个体的健康状况、活动形式和活动强度等有直接的联系。

2. 长期效应

体育锻炼对人情绪的长期效应有直接影响，与不锻炼者相比，有规律的锻炼者在较长时期内很少会产生焦虑、抑郁、紧张和心理紊乱等情绪。

（二）完善个性行为特征

人的行为特征一般可以分为两种类型，用 A 型行为特征和 B 型行为特征来表示。A 型行为特征主要表现为性情急躁、争

表 2-2-1 A、B 型行为特征表现

A 型行为特征者常见表现	B 型行为特征者常见表现
约会从来不迟到	对约会很随便
竞争意识很强	竞争意识不强
别人要讲话时总爱抢先或插话	别人讲话时是很好的听众
总是匆匆忙忙	即使有压力也从不匆忙
等待时缺乏耐心	能够耐心等待
做事全力以赴	处事漫不经心
同时想做很多事	在一定时间里只做一件事情
讲话喜欢加重语气，甚至敲桌子	讲话语速缓慢、不慌不忙
做了好事希望能得到别人的承认	只要自己满意即可，不管别人怎么想
吃饭、走路都很快	没什么业余爱好
不善与人相处	为人随和
容易暴露自己的情感	能控制自己的感情
具有广泛的兴趣	满足于目前的工作和学习状况
胸怀雄心壮志	做事情很慢

强好胜、容易激动、整天忙碌等；B 型行为特征主要表现为不好竞争、不易紧张、不赶时间、待人随和、喜欢自由自在等。具有 A 型行为特征的人由于过度紧张的情绪反应，会引起内分泌失调，增加心脏病发病的概率。目前的一些研究主要集中在体育锻炼对改变 A 型行为特征的作用方面。研究结果表明，有规律的体育锻炼能明显改变 A 型行为特征，使其发生显著的积极变化。见表 2-2-1。

（三）确立良好的自我概念

自我概念是指个体对自己身体、思想和情感的主观整体评价，由许多自我认识组成，包括我是什么人、我主张什么和我喜欢什么等。

坚持体育锻炼，可以使锻炼者体格强健、精力充沛、提高驾驭身体的能力，从而改善对自身的满意程度，确立良好的自我概念。

（四）改变睡眠模式

根据脑电图显示，人的睡眠可以分为两种状态，即慢波睡眠状态和快波睡眠状态，前者为浅度睡眠状态，后者为深度睡眠状态。一夜之间两种睡眠状态会交替发生 4～5 次。

有规律的体育锻炼不仅对慢波睡眠有改善作用，而且能缩短入眠的潜伏期，延长睡眠时间。

（五）改善认知能力

体育锻炼还能改善人的认知过程，避免反应时间过长、注意力不集中和思维混乱等症状的发生，尤其对老年人认知能力的改善效果更为明显。

（六）增强心理治疗效应

体育锻炼被公认为是心理治疗的好方法。目前，人群中常见的心理疾病是抑郁症和焦虑症。研究发现，体育锻炼是治疗抑郁症的有效手段之一。抑郁症患者经过有规律的体育锻炼，能显著减轻症状。

体育锻炼还具有治疗焦虑症的作用，通过有规律的体育锻炼，锻炼者的焦虑症状可以得到明显缓解。

第三节　运动保护

　　在运动过程中，人体机能会随时发生变化。因此，应针对这个特点来进行体育锻炼，也就是我们所说的运动保护。运动保护一般包括运动前准备、运动后放松和自我养护 3 个方面。

一、运动前准备

　　准备活动是指在正式运动之前进行的有目的的身体练习。做好充分的准备活动，可以缩短机体进入最佳状态的时间，同时还可以预防运动损伤的发生，为机体发挥最大的工作效率做好功能上的准备。

　　（一）准备活动的作用

　　1. 提高中枢神经系统兴奋状态

　　（1）使大脑反应速度加快，参加活动的运动中枢神经间相互协调。

　　（2）为正式运动时生理机能达到适宜程度提前做好准备。

　　2. 提高机体代谢水平

　　（1）准备活动可以使锻炼者体温升高，降低肌肉黏滞性，使肌肉的伸展性、柔韧性和弹性增强，从而有效预防运动损伤的发生。

（2）准备活动可以增强体内代谢酶的活性，使物质代谢水平提高，以保证运动时有较充分的能量供应。

3. 克服内脏器官生理惰性

（1）准备活动可以提高心血管系统和呼吸系统的机能水平，使肺通气量及心血输出量增加。

（2）可以使心肌和骨骼肌的毛细血管扩张，使其工作肌获得更多的氧，从而克服内脏器官的生理惰性，使之尽快达到最佳状态。

4. 增加皮肤毛细血管血流量

准备活动可以使皮肤毛细血管的血流量增加，运动后毛细血管扩张，有利于散热，降低体温，有效防止正式活动时由于体温过高而影响运动能力。

（二）准备活动的要求

1. 准备活动的时间

（1）准备活动的时间可以根据运动项目的具体情况确定，一般以 10 ～ 30 分钟为宜。

（2）准备活动与正式运动的间隔时间，一般以不超过 15 分钟为宜，可以在做完准备活动后立刻进行正式运动。

2. 准备活动的强度

（1）准备活动的强度和量应较正式运动小，以免引起疲劳。

（2）准备活动的量可以由心率决定，心率以 100 ～ 120 次 / 分钟为宜。

（三）一般性准备活动

一般性准备活动的内容多以伸展运动开始，然后进行一般性的跑步、徒手体操等活动。

下面介绍一套常用的一般性准备活动操，供锻炼者运动前使用。这套活动操主要包括头部运动、肩部运动、扩胸运动、体侧运动、体转运动、髋部运动和踢腿运动等。

1. 头部运动

两手叉腰，两脚左右开立，做头部向前、向后、向左、向右，以及绕环运动。见图 2-3-1。

图 2-3-1

2. 肩部运动

手扶肩部，屈臂向前、向后绕环，以及直臂绕环。见图 2-3-2。

图 2-3-2

3. 扩胸运动

屈臂向后振动及直臂向后振动。见图 2-3-3。

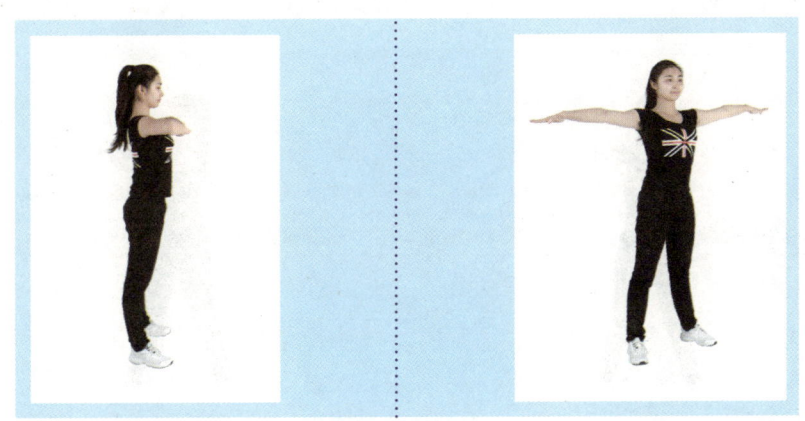

图 2-3-3

4. 体侧运动

两脚左右开立，一手叉腰，另一臂上举，并随上体向对侧振动。见图 2-3-4。

图 2-3-4

5. 体转运动

两脚左右开立，两臂体前屈，身体向左、向右有节奏地扭转。见图 2-3-5。

图 2-3-5

6. 髋部运动

两脚左右开立，两手叉腰，髋关节放松，向左、向右 360 度旋转。见图 2-3-6。

图 2-3-6

7. 踢腿运动

两臂上举后振，同时一腿向后半步，重心置于前腿，两臂下摆后振，同时向前上方踢腿。见图 2-3-7。

图 2-3-7

二、运动后放松

运动后放松是指运动后进行的一些能够加速机体功能恢复的、较轻松的身体活动。与运动前的准备活动相反，其目的是使锻炼者的生理机能水平逐步得到恢复。

（一）放松方法

1. 运动性手段

（1）运动结束后，锻炼者可采用变换运动部位的方法来消除疲劳，如上肢出现疲劳时可做一些慢跑运动，下肢出现疲劳时，可做一些上肢运动。

（2）转换运动类型也是一种不错的放松方法，如打羽毛球出现疲劳时可做瑜伽来达到放松的目的。

（3）还可以用调整运动强度的方法来缓解疲劳，如可以在放松过程中，采用小强度的轻微运动方法等。

2. 整理活动

（1）整理活动是指运动后所做的一些能够加速机体功能恢复的身体活动，如剧烈运动后进行 3～5 分钟慢跑或其他整理活动，使身体机能得以恢复。

（2）剧烈运动后若不做整理活动而骤然停止动作，会影响氧气的补充和静脉血的回流，使机体血压降低，引起不良反应。见图 2-3-8。

（二）注意事项

1. 在进行整理活动时动作应缓慢、放松，运动量不要过大，否则会引发新的疲劳。

2. 在进行整理活动时，应当保持心情舒畅、精神愉悦。

图 2-3-8

三、自我养护

锻炼后，锻炼者感觉身体疲劳是一种正常的生理现象，是体育锻炼过程中的正常反应。随着体育锻炼时间的延长，疲劳症状自然会消失。运动性疲劳出现后，锻炼者如果采用一些自我养护措施，可以加速身体机能的恢复，尽快消除疲劳，提高锻炼效果。常见的自我养护方法主要包括运动后休息、合理营养和物理手段。

（一）运动后休息

1. 静止性休息

（1）静止性休息是指锻炼者运动后保持机体相对静止的状态，以促进身体机能恢复，尽快消除疲劳。

（2）静止性休息的最佳方式是睡眠，特别是刚开始从事锻炼者，身体不适应或疲劳症状明显时，更应该保证充足的睡眠，否则，锻炼者虽然积极参加了体育锻炼，但收效甚微，甚至会导致过度疲劳症状的发生。

（3）静止性休息更适合消除全身运动导致的整体疲劳症状。见图 2-3-9。

图 2-3-9

2. 积极性休息

（1）积极性休息更适合由于少量肌肉群参与工作而导致的局部疲劳，或运动强度较大而导致的快速疲劳。

（2）积极性休息可以加速血液循环，有利于代谢物排出体外，对促进身体机能的恢复具有明显的效果。见图 2-3-10。

图 2-3-10

(二)合理营养

小强度、长时间的运动形式，主要是靠糖原的有氧代谢提供能量。运动后应及时补充淀粉类食物，如面粉、大米等，以促进糖原的合成。随着人民生活水平的提高，在饮食结构中，肉类食品的比重不断增加，而淀粉类食品的比重逐渐减少，这一现象应当引起人们的注意。特别是老年人参加体育锻炼，更应注意对淀粉类食物的补充。

强度较大、时间又相对较长的运动形式，主要是靠糖原的无氧代谢提供能量。这样，糖原无氧代谢产物——乳酸便会在体内大量堆积。因此，运动后应多补充蔬菜、水果等碱性食品，以加速乳酸的清除，尽快消除疲劳。见图 2-3-11。

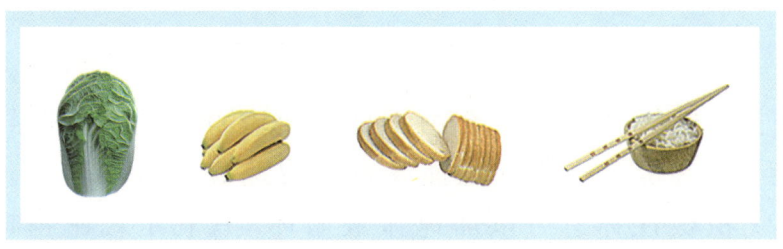

图 2-3-11

（三）物理手段

1.按摩及牵拉

（1）通过按摩刺激神经末梢、皮肤结缔组织和毛细血管，可以使紧张的肌肉得以放松，从而改善局部组织，加速全身的血液循环，达到促进身体机能恢复的目的。这种方法可以在锻炼后马上进行。

（2）此外，还可以采取缓慢牵拉肌肉的方法，使收缩的肌肉得到充分的伸展放松。见图2-3-12。

图 2-3-12

2.水疗及电疗

（1）水疗包括芬兰式蒸汽浴、热水浴和桑拿浴等多种形式，主要作用是通过提高体温促进血液循环，清除代谢物，以达到尽快消除疲劳、恢复体力的目的。

（2）水疗的时间一般以不超过30分钟为宜，如果时间过长，会进一步消耗体力，严重时甚至会出现暂时性脑缺血现象。

（3）如果条件允许，还可以对疲劳的肌肉进行低频治疗。低频治疗仪的原理是模拟针灸疗法，使用时将电极用不干胶对称地粘贴在运动部位表皮上。这种疗法可以促进局部血液循环，改善组织代谢，缓解肌肉酸痛，消除疲劳。

3

第三章

基本技术

跆拳道以其潇洒的腿法著称于世，被世人称为踢的艺术，这是跆拳道区别于其他格斗术的一个重要特点。跆拳道的腿法讲究变化性和灵活性，对人体的柔韧性、大脑反应的灵敏性、身体运动的稳定性都有很高的要求。跆拳道是对人体机能和体能的综合考验。

第一节 基本功

基本功主要分步形、手法、肘法和膝法等，这些技术虽然在实战应用中很少涉及，却是修炼太极品势的必要条件。

一、步形与手法

步形主要有并步、平行步、行步、马步、弓步、三七步、虚步、交叉步和独立步等。手法主要有冲拳、劈拳、抄拳和弹拳等。掌法主要有砍掌、插掌和底掌揎击等。

（一）步形

★**并步（立正）**

1. 动作方法

（1）双脚内侧完全并拢，身体直立，双眼平视前方。

（2）双手握拳，双肩放松，下巴内收，脚尖向前。见图3-1-1。

2. 技术要点

上身、腰与膝都要挺直，注意收腹。

3. 错误纠正

腰与腿不直。因此，应注意收腹，腰与腿挺直。

图 3-1-1

图 3-1-2

★平行步（开立步）

1. 动作方法

双脚平行开立，与肩同宽，两脚尖向外。见图 3-1-2。

2. 技术要点

双脚开立不要过宽，两脚尖略外展，幅度不宜过大。

3. 错误纠正

下肢分开过宽。因此，应注意掌握幅度。

★ 行步（探步）

1. 动作方法

行步也称高前屈立。前脚脚尖指向正前方,后脚向外约20度(15～30度),左右脚宽度为一立掌,双腿自然伸直。见图3-1-3。

2. 技术要点

两脚前后距离约一步,姿态和平时走路相似。

3. 错误纠正

动作不自然。因此,应注意调整动作姿势。

图 3-1-3

★ 马步

1. 动作方法

(1)左右脚平行开立。

(2)上体正直,下蹲以双膝尖与双脚尖对准平齐为标准。见图3-1-4。

2. 技术要点

两脚开立应距离大于两肩距离,重心要在两脚之间,挺胸立腰。

3. 错误纠正

上身弯曲,重心不稳。因此,应注意保持重心稳定,挺胸直腰。

图 3-1-4

图 3-1-5

★弓步

1. 动作方法

（1）两脚前后开立，前脚脚尖指向正前方，后脚向外约20度（15～30度）。

（2）前后脚宽度为三脚掌距离，左右脚宽度为一拳距离。

（3）前腿曲度为膝尖与脚尖平齐，后腿自然伸直。见图3-1-5。

2. 技术要点

前腿膝关节和脚面垂直，重心应偏于前脚。

3. 错误纠正

后脚与前脚在一条直线上。因此，应调整站姿，保持两脚的角度。

★三七步（丁步）

1. 动作方法

（1）双脚间呈90度，前后脚之间距离为一脚掌半的宽度。

（2）后腿（重心腿）下蹲与马步相同，前腿角度以膝盖与足跟垂直为准。见图3-1-6。

2. 技术要点

注意要把重心放在后腿，前腿膝盖注意保持略屈。

3. 错误纠正

身体下蹲不够。因此，应调整后腿的弯曲程度，达到动作要求。

图 3-1-6

★ 虚步

1. 动作方法

（1）两脚前后开立，两膝略屈，前脚脚尖虚点地面，身体重心置于后腿。

（2）左脚在前称为左虚步，右脚在前称为右虚步。见图 3-1-7。

2. 技术要点

身体重心放在后腿上。

3. 错误纠正

身体重心不稳。因此，应注意前脚脚尖虚点地，后腿站稳。

图 3-1-7

★ 交叉步

1. 动作方法

（1）双腿交叉后，一脚全着地，另一脚前脚掌着地，双脚方向约为 90 度。

（2）双腿下蹲，双膝间宽度为一拳距离。见图 3-1-8。

2. 技术要点

两膝略屈，身体重心放在中间。

3. 错误纠正

双脚全着地，方向相同。因此，应注意调整双脚方向，后脚脚掌着地。

★ 独立步

1. 动作方法

（1）支撑腿略屈，脚尖外展约 90 度。

（2）另一腿贴于支撑腿膝关节位，

图 3-1-8

脚自然勾直。见图 3-1-9。

图 3-1-9

2. 技术要点

注意把握好重心。

3. 错误纠正

站立不稳。因此，应注意调整重心位置。

（二）手法

★ 冲拳

1. 动作方法

（1）品势预备姿势站立，两脚左右开立呈马步。

（2）双拳抱于腰间，拳心向上，随即右手以拳面为力点向前冲出，冲拳的高度约与肩平，左手握拳置于腰间。

（3）冲拳左右动作方法相同，方向相反。见图 3-1-10。

2. 技术要点

力达拳面，出拳要平。

3. 错误纠正

过于向前送肩，造成重心不稳。因此，冲拳应保持肩平，上体正直，不要过于前送，肩部放松。

图 3-1-10

★ **劈拳（锤拳）**

1. 动作方法

（1）品势预备姿势站立。

（2）左手握拳由腹前经右上方向左下抡臂劈击，右手握拳置于腰间。

（3）劈拳左右动作方法相同，方向相反。见图 3-1-11。

2. 技术要点

力达劈拳部位。

3. 错误纠正

动作不流畅，僵硬，幅度过大。因此，应慢动作反复练习。

图 3-1-11

★抄拳

1. 动作方法

(1) 品势预备姿势站立,左脚向前呈三七步。

(2) 左手前伸抓住对方的衣襟,右手握拳收于腰间,步形不变,重心前移,身体左转,呈左弓步。

(3) 左手回拉,右拳从腰间由下向上抄起,用拳面击打对方的下颌部位。

(4) 抄拳左右动作方法相同,方向相反。见图 3-1-12。

2. 技术要点

力达拳面。

3. 错误纠正

动作僵硬,幅度过小或过大。因此,应注意身体尤其是肩部的放松,由慢到快反复练习。

图 3-1-12

★弹拳

1. 动作方法

(1) 品势预备姿势站立,右脚向前上步,左脚经右腿后侧上步，脚尖着地呈交叉步站立。

（2）右拳内旋由内向外，向下弹击，左拳置于腰间。

（3）弹拳左右动作方法相同，方向相反。见图3-1-13。

2. 技术要点

力达拳背。

3. 错误纠正

动作僵硬，动作幅度过小或过大。因此，身体应放松，动作由慢到快反复练习。

图 3-1-13

（三）掌法

★ 砍掌

1. 动作方法

（1）品势预备姿势站立，左脚向前呈左弓步，右手由拳变掌上举至右前方与头同高。

（2）随即右臂前伸由外向内以右手刀向左前方平砍，掌心向上。

（3）砍掌左右动作方法相同，方向相反。见图3-1-14。

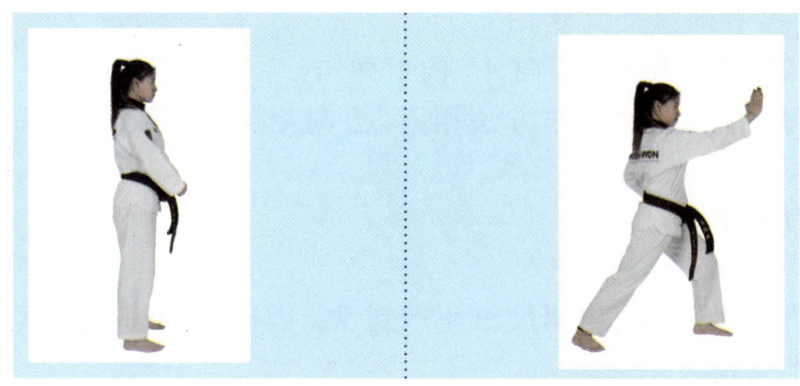

图 3-1-14

2. 技术要点

力达手刀部位。

3. 错误纠正

动作僵硬,幅度过小或过大。因此,应放松身体,由慢到快反复练习。

★ 插掌

1. 动作方法

(1)品势预备姿势站立,左脚向前呈左弓步。

(2)右拳由腰间变掌向前伸臂插出,左手握于腰间。

(3)插掌左右动作方法相同,方向相反,双手同时插出称为双插掌。见图 3-1-15。

2. 技术要点

力达指尖部位。

3. 错误纠正

动作过于僵硬、不连贯。因此,应放松身体,由慢到快反复练习。

图 3-1-15

★ **底掌掐击**

1. 动作方法

（1）品势预备姿势站立，左脚向前呈左弓步。

（2）右拳由腰间变底掌向前伸臂掐击，左手握拳置于腰间。

（3）底掌掐击左右动作方法相同，方向相反。见图 3-1-16。

2. 技术要点

力达指尖部位，动作连贯。

图 3-1-16

3.错误纠正

动作僵硬，幅度过小或过大，掐击动作不明显。因此，应体会底掌的动作，反复体会手部的掐击动作。

二、肘法与膝法

肘法主要包括顶肘、挑肘、摆肘和砸肘，膝法主要包括顶膝与撞膝。

图 3-1-17

（一）肘法

★顶肘

1.动作方法

（1）品势预备姿势站立，左脚向前上步呈左弓步。

（2）左右臂同时屈肘上提至胸前，右拳变掌抵住左拳拳面，以左肩关节为轴，向前顶击，力达肘尖部位。

（3）顶肘左右动作方法相同，方向相反。见图 3-1-17。

2.技术要点

力达肘尖，动作连贯。

3.错误纠正

力度不够，力点不准。因此，应注意动作方向和幅度，在镜子前反复练习。

★挑肘

1.动作方法

（1）品势预备姿势站立，左脚向前上步呈左弓步。

（2）右手自腰间上举，肘关节夹紧，肘尖由下向上挑起。

（3）挑肘的左右动作方法相同，方向相反。见图3-1-18。

2.技术要点

挑肘时要拧腰顺肩以增加力量。

3.错误纠正

力度不够，力点不准。因此，应注意动作方向和幅度，可在镜子前反复练习。

★ **摆肘**

1.动作方法

（1）品势预备姿势站立，右脚向前上步呈右弓步。

（2）右手以肩关节为轴，将肘关节夹紧抬平，由外向内或由内向外用力摆击，左手变掌压住右臂配合摆动。

（3）摆肘的左右动作方法相同，方向相反，由外向内摆击时称为内摆肘，由内向外摆击时称为外摆肘。见图3-1-19。

2.技术要点

摆肘时要拧腰顺肩，以增加力量。

3.错误纠正

力度不够，力点不准。因此，应注意动作方向和幅度，提高肘关节的灵活性，可在镜子前反复练习。

图 3-1-18

图 3-1-19

图 3-1-20

★ **砸肘**

1. 动作方法

（1）品势预备姿势站立，左脚向前呈前行步。

（2）右手以肩关节为轴，将肘关节夹紧上举，贴近右耳时迅速向下砸击。

（3）砸肘的左右动作方法相同，方向相反。见图 3-1-20。

2. 技术要点

砸肘时要拧腰顺肩，以增加力量。

3. 错误纠正

力度不够，力点不准。因此，应注意动作的方向和幅度，提高肘关节的灵活性，可在镜子前反复练习。

（二）膝法

★ **顶膝**

1. 动作方法

（1）品势预备姿势站立。

（2）两手自腰间向前举，右膝迅速向前顶击。

（3）顶膝左右动作方法相同，方向相反。见图 3-1-21。

2. 技术要点

力达膝关节，动作连贯。

3. 错误纠正

动作幅度过大或身体重心不稳。因

此，应提高腿部柔韧性，在镜子前反复练习。

图 3-1-21

★ 撞膝

1. 动作方法

（1）品势预备姿势站立，身体向左侧转体，右腿屈膝上提，右膝由右至左横向撞击。

（2）撞膝左右动作方法相同，方向相反。见图 3-1-22。

2. 技术要点

力达膝关节，横向撞击，动作连贯。

3. 错误纠正

动作幅度过大或身体重心不稳。因此，应反复体会转体、提膝和撞击动作，或在镜子前由慢到快反复练习。

图 3-1-22

第二节 实战姿势与步法

实战姿势也叫准备姿势，是指在跆拳道比赛中，运动员运用技法进行进攻或防守时的预备动作。

一、实战姿势

跆拳道的实战姿势可以分为三种类型：标准实战姿势、侧向实战姿势和低位实战姿势。运动员在比赛时，可以根据对方的情况来调节相应的实战姿势。练习时，左腿在前称左实战姿势，右腿在前称右实战姿势。

（一）标准实战姿势

1. 动作方法

（1）两腿前后开立，两脚的距离是肩膀的 1.5 倍，脚尖斜向前方 45 度，后脚用前脚掌支撑，脚后跟抬起。

（2）两膝略屈，身体重心落于两脚之间，身体放松。

（3）右手握拳置于胸前，高度应距离下颌一拳左右，左手握拳与肩同高，左手肘关节角度应大于或等于 90 度，上体保持直立。见图 3-2-1。

2．技术要点

身体放松，两膝略屈。做标准实战姿势时两腿不要站在一条直线上，应站在直线的两侧，以便保持身体平衡，使身体时刻处于待发状态。

3．错误纠正

全身紧张，肌肉僵硬；膝关节未弯曲，没有弹性，身体重心偏前或偏后。因此，应在同伴的帮助下或在镜子前自我纠正，注意两肩的放松，也可利用跳绳来练习肌肉的协调性。

（二）侧向实战姿势

1．动作方法

身体完全侧向，两脚在一条直线上，其他同标准实战姿势。侧向实战姿势适用于侧踢、后踢等腿法。见图3-2-2。

2．技术要点

身体放松，两膝略屈，两腿站在一条直线上。

3．错误纠正

脚跟没有离开地面，膝关节没有带一定的弯曲度，以至于全身僵硬，肌肉紧张。

（三）低位实战姿势

1．动作方法

站立时，上体略向前倾，两腿屈膝角度加大，身体重心降低，两脚间的距离为肩宽的1.5～2倍，其他同标准实战姿势。

图 3-2-1

图 3-2-2

低位实战姿势适用于反抢踢等腿法。见图 3-2-3。

图 3-2-3

2. 技术要点

身体放松，两膝略屈，两腿站在一条直线上。

3. 错误纠正

脚跟没有离开地面，膝关节没有带一定的弯曲度，以至全身僵硬，肌肉紧张。因此，应注意上体略前倾，身体重心降低。

二、实战站位

在跆拳道实战中，按双方运动员相对站立的姿势，可以分为开式站立和闭式站立两种。

（一）开式站立

1. 动作方法

我方左侧实战姿势站立，对方右侧实战姿势站立，或我方右侧实战姿势站立，对方左侧实战姿势站立。见图 3-2-4。

图 3-2-4

2. 技术要点

身体放松，两膝略屈，两腿站在一条直线上。

3. 错误纠正

身体紧张，重心偏前。因此，应注意放松身体，调整重心位置。

(二)闭式站立

1. 动作方法

我方左侧实战姿势站立，对方同样左侧实战姿势站立，或我方右实战姿势站立，对方也右实战姿势站立。见图 3-2-5。

2. 技术要点

同开式站立。

3. 错误纠正

同开式站立。

图 3-2-5

三、实战步法

练习跆拳道必须从基本步法开始，由简到繁，从易到难，逐步掌握基本步法，然后再与攻防技术有机结合，达到进退有度、攻守自如的程度。随着技术、意识和心理素质的不断发展，基本步法会越来越显示出重要性。

步法是跆拳道实战中实现攻防转换的关键技术。步法移动应依据对方技术和战术不同及敌我双方身体条件差异而灵活选择，不可千篇一律。一般小范围的移动采用前进步、后退步、侧移步等，范围大一些的移动采用上步、跳步、跳换步等。在实战中，有时可用小碎步来调整自己。无论运用哪种步法，都应该力求做到迅速、准确、适度，以提高攻击效果。步法的作用可以概括为以下四点：

第一，连接进攻与反击技术。在实战中无论是进攻、防守还是防守反击，绝大多数的时候是在身体运动的情况下完成的，因此，需要快速、灵活、多变的步法连接技术。

第二，抢占有利的实战位置。实战中通过灵活多变的步法移动，占据场上有利的实战位置，为进攻与反击做好准备。

第三，保持身体重心，维持身体平衡，攻防转换是在运动的状态下完成的，较好地掌握步法技术才能较好地维持身体平衡，才能在相对动态的平衡下实现有力的进攻与反击。

第四，破坏对方的距离感，遏制对方进攻技术的发挥。灵活多变的步法可有效地破坏对方进攻与防守的距离感，给对方带来心理压力。

（一）前进步法

★ **前滑步**

1. 动作方法

（1）实战姿势站立。

（2）左脚向前滑进一步，右脚随即跟进，两脚仍保持原来的姿势与距离。见图 3-2-6。

2. 技术要点

开始前进时，略提左脚脚跟，右脚同时向后蹬地，上身保持原来的姿势，身体重心始终落在两脚之间。

图 3-2-6

3. 错误纠正

两脚在前进过程中距离过大。因此，移动时应注意检查步幅长度，进行有意识的练习。

图 3-2-7

★ 上步

1. 动作方法

实战姿势站立，右脚向前上一步，呈右侧基本姿势。见图 3-2-7。

2. 技术要点

上步通过拧腰转胯来完成，两臂在体侧自然摆动，上步距离不可过大，同时身体起伏不要过大。

3. 错误纠正

上步时身体重心不稳。因此，应由慢到快反复练习。

★ 前跃步

1. 动作方法

（1）实战姿势站立。

（2）两脚同时蹬地向前纵出 40～50 厘米，动作完成后保持实战姿势站立。见图 3-2-8。

2. 技术要点

（1）要依靠两脚踝关节与膝关节弹跳纵出，双脚要紧贴地面，不要腾空过高。

（2）动作起动时，重心不宜过低，否则容易暴露动作意图。

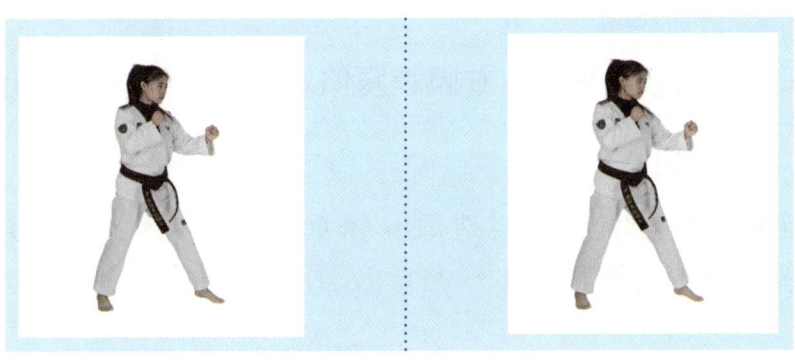

图 3-2-8

3. 错误纠正

跃步时起跳过高。因此，应利用踝关节及膝关节的力量起跳前移，前移时要向前用力而不是向上用力。

(二)后退步法

★ 后滑步

1. 动作方法

(1) 实战姿势站立。

(2) 左脚蹬地，右脚向后退步，左脚随即跟进，上体保持原来的姿势。见图 3-2-9。

图 3-2-9

2. 技术要点

左脚用力向前蹬地，右脚脚跟略抬起，右脚后滑的距离不可太大，要保持平稳。

3. 错误纠正

后退距离过大可能会造成身体重心不稳。因此，初学时后退距离应是本人脚长的 1～1.5 倍，不宜过大。

图 3-2-10

★ 后跃步

1. 动作方法

（1）实战姿势站立。

（2）两脚同时蹬地向后跃出 40～50 厘米，动作完成后呈实战姿势站立。见图 3-2-10。

2. 技术要点

（1）要依靠两脚踝关节与膝关节弹跳纵出，双脚要紧贴地面，不要腾空过高。

（2）起动时，重心不宜过低，否则容易暴露动作意图。

3. 错误纠正

跃步时起跳过高。因此，应利用踝关节及膝关节的力量起跳前移,前移时，要向后用力而不是向上。

★ 后撤步

1. 动作方法

（1）实战姿势站立。

（2）左脚向后撤一步，呈右实战姿势，反之亦然。见图 3-2-11。

图 3-2-11

2. 技术要点

左脚向前蹬地，同时重心保持平稳，移动要通过转腰来完成，两臂在体侧自然移动。

3. 错误纠正

撤步时身体重心不稳。因此，应由慢到快反复练习。

（三）侧移步

★ 左侧移步

1. 动作方法

（1）实战姿势站立。

（2）右脚蹬地，左脚向左侧上步，右脚随之跟上，使身体重心向左移动离开原来的位置。见图 3-2-12。

2. 技术要点

左脚向左移动时，身体应快速向左偏，上体不要左右摆动，移动距离视具体情况而定。

3. 错误纠正

侧移步时身体重心不稳或动作不连贯。因此，应由慢到快反复练习。

图 3-2-12

★ 右侧移步

1. 动作方法

（1）实战姿势站立。

（2）左脚蹬地，右脚向右侧上步，左脚随之跟上，使身体重心向右移动离开原来的位置。见图 3-2-13。

2. 技术要点

同左侧移步。

3. 错误纠正

同左侧移步。

图 3-2-13

（四）跳换步

1. 动作方法

（1）实战姿势站立。

（2）左右脚同时离地，以腰部力量带动双脚位置互换，落地后仍呈实战姿势站立。见图 3-2-14。

2. 技术要点

身体不宜起伏过大，尽量平稳移动，两脚略离地，双手摆动幅度不要太大。

3. 错误纠正

动作僵硬，弹跳过高。因此，应放松身体，以腰部力量带动两腿来完成换步。

（五）垫步

★ 前垫步

1. 动作方法

（1）实战姿势站立，重心前移。

（2）右脚蹬地向左脚内侧并拢，同时左脚蹬地向前迈步。见图 3-2-15。

图 3-2-14

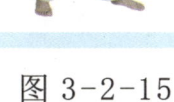

图 3-2-15

2.技术要点

右脚向前上步要迅速，未等右脚落地左脚就向前移动，移动的距离不宜过大，整个动作协调、连贯。

3.错误纠正

动作僵硬，幅度过大。因此应放松身体，脚下要有弹性，增加跟腱力量。

★后垫步

1.动作方法

（1）实战姿势站立。

（2）左脚向右脚方向靠拢，同时右脚蹬离地面向后移动，两脚落地呈实战姿势。见图3-2-16。

2.技术要点

左脚撤步要迅速，整个动作协调、连贯。

3.错误纠正

动作僵硬，幅度过大。因此，应放松身体，脚下要有弹性，增加跟腱力量。

图 3-2-16

第三节 进攻技术

跆拳道实战中脚踢进攻时，一般使用的部位包括脚前掌、脚趾、脚背、足弓、脚跟和后脚掌（脚跟底部）。利用这些部位可以进行站立踢、跳动踢、助跑踢、转身踢和飞踢等不同形式的进攻，每种踢法踢击的部位各有不同。实战过程中，运用脚踢时要根据具体情况的不同（如对方所处位置、暴露的部位、防守的姿势以及双方的距离）选择不同的踢法。脚踢时要利用步法保持身体平衡，并有效接近对方做出踢击动作。踢击完成马上回到准备姿势，准备下一次的进攻和防守。腿的回位动作要快，以免被对方抓住或抱住。脚踢的练习主要是靠平时用各种腿法踢击悬挂的沙袋，经过反复练习提高踢的力量、速度和高度。

一、基本腿法

基本腿法包括弹踢、抡踢、侧踢、下劈、勾踢、推踢、后踢和反抡踢等。其中弹踢是最基本的腿法，其提膝的动作是学好腿法的基础；抡踢是跆拳道技术中最实用的技术，也是比赛中最容易得分的技术；侧踢属于推击，适合牵制对方；下劈在近距离实战中比较难以防守；后踢、反抢踢难度较大，但掌握后在实战中使用往往可以取得出奇制胜的效果。

(一)弹踢

1. 动作方法

（1）实战姿势站立，右脚蹬地，身体重心移至左脚，右脚向正前方屈膝上提，右小腿夹紧。

（2）以髋关节为轴向前送髋、顶膝，小腿快速向上弹踢出，力达脚背或前脚掌。

（3）动作完成后，呈右实战姿势站立。见图3-3-1。

2. 技术要点

提膝时小腿夹紧，踢腿动作应迅速有力，髋关节前送。

图 3-3-1

3. 错误纠正

上体后仰过大；动作过于僵硬形成直腿撩踢。因此，初学者应扶着支撑物，反复体会提膝与踢腿两个动作的要点，待动作正确和熟练后再进行完整练习，面对镜子或在同伴的帮助下纠正错误。

4. 伤害预防

膝关节尤其是半月板很容易受到损伤。弹踢时要有一个制动的过程，就是快踢快收的折叠过程。

(二)抡踢

1. 动作方法

(1) 实战姿势站立，右脚蹬地，大小腿折叠向前提膝。

(2) 左脚以脚掌为轴转动 180 度。

(3) 膝关节抬至水平时小腿迅速横向踢出。

(4) 击打目标后放松，屈膝收回小腿，重心前移，右脚自然落下，后撤右脚还原呈实战姿势。见图 3-3-2。

2. 技术要点

(1) 向前提膝时要走直线，膝关节夹紧，脚面绷直，支撑脚转动要快，外旋角度要大，髋关节充分打开。

(2) 躯干避免过度倾斜，严格注意击打的着力点在正脚面，同时踝关节要放松。

图 3-3-2

3. 错误纠正

提膝时膝关节夹不紧，击打时脚面没有绷直；小腿在弹出的一刹那没有制动的过程；先转髋再提膝，造成膝盖过早偏向外侧；支撑腿转动的角度太小，造成发力不充分。因此，应原地练习提膝与转动支撑脚，原地练习小腿鞭打，然后将所有分解动作串联起来进行完整练习。

4. 伤害预防

练习时需要加强髋关节的柔韧性，在踢出时也要注意制动。

（三）侧踢

1. 动作方法

（1）实战姿势站立，身体重心前移，右脚蹬地屈膝上提，左脚以前脚掌为轴外旋约 180 度。

（2）迅速伸膝发力，右脚沿直线向右前方踢出，力达脚外侧或整个脚掌。

（3）踢击动作完成后，右腿迅速放松，按出腿路线返回，呈实战姿势站立。见图 3-3-3。

图 3-3-3

2．技术要点

（1）提膝时，膝关节夹紧向前直线提起，提膝，转体踢击要协调、连贯。

（2）踢击时要转体、展髋，上体略前倾，踢击目标的瞬间头、肩、腰、髋、膝、腿应在一条直线上。

3．错误纠正

踢击动作完成时，髋关节没有展开，造成肩、髋、踝不在一个平面内；提膝时大小腿收得不紧，上体侧倾过大，造成重心不稳；动作不连贯。因此，在掌握技术要点的前提下，手扶着支撑物，反复练习转体、收腿提膝、踢击回收动作，动作速度由快到慢。待动作熟练后，再配合步法完成整套动作。

4. 伤害预防

踢击时尽量以脚跟为着力点，避免着力点集中在前脚掌，以防止脚部关节受伤。

（四）下劈

1. 动作方法

（1）实战姿势站立，右脚蹬地，重心前移至左脚。

（2）右腿以髋关节为轴屈膝上提，两手握拳置于胸前。

（3）随即充分送髋，上提膝关节至胸部，右小腿以膝关节为轴向上伸直，将右腿直举于体前，右脚过头。

（4）放松向下以右脚后跟（或脚掌）为力点劈击，一直到前面，呈实战姿势站立。见图3-3-4。

图 3-3-4

2．技术要点

（1）右腿上摆时大腿应放松，踝关节应踢过头顶。

（2）动作要迅速有力，支撑脚脚跟要离地，同时髋关节上送。

（3）向下劈时踝关节应放松。

（4）向下落时要有控制力。

3．错误纠正

起腿高度不够，支撑脚脚跟没有离地，髋关节没有上送；下劈时膝关节和踝关节过于紧张，动作僵硬；下劈、下落时没有控制重心，落地太重。因此，应在掌握动作原理后，面对镜子或在同伴的帮助下，反复练习，纠正错误。

4．伤害预防

提高腿部柔韧性，下劈时大小腿之间要有一定的弯曲度，否则下劈力量会集中于膝关节，容易损害膝关节。

（五）勾踢

1．动作方法

（1）实战姿势站立，右脚蹬地，身体重心前移至左脚，以左脚为支撑，右脚屈膝提起，左脚以前脚掌为轴，脚跟向外旋转约180度。

（2）右腿膝关节向左内扣，右小腿由内向外伸出，伸直后以脚掌为发力点，向右侧用力摆踢，身体随之侧倾保持平衡。

（3）动作完成后右腿放松收回，呈实战姿势站立。见图3-3-5。

2．技术要点

（1）勾踢时，身体要适当放松，起腿后右腿屈膝抬过腰部，然后内扣。

（2）要充分发挥腰腿力量，小腿后勾要快。

（3）摆踢后顺势放松。

图 3-3-5

3. 错误纠正

身体过于后仰；身体紧张，勾踢时小腿没有内扣，动作僵直；踢腿后身体因用力过猛而失去控制。因此，应在理解和掌握动作方法的前提下，手扶同伴或支撑物练习分解动作，或面向镜子纠正错误动作。

4. 伤害预防

因为此动作要利用腰带动髋部，髋带动大腿和小腿进行击打，所以在练习此动作前应充分做好腰部的预热与拉伸，否则腰部会受到损伤。

（六）推踢

1. 动作方法

（1）实战姿势站立，右脚蹬地，身体重心移至左脚，随即右侧大小腿夹紧，屈膝提起，左脚以前脚掌为轴，外旋约90度，上体略后仰。

（2）右腿以膝关节为轴向前迅速蹬出，力达脚掌。

（3）动作完成后右腿放松收回，呈实战姿势站立。见图3-3-6。

2. 技术要点

（1）提膝时，大小腿应夹紧，推踢时，腿法运行的路线应是水平向前的。

（2）推踢时髋关节应向前送，利用身体重心的前移来加强腿法的力量。

3. 错误纠正

踢腿动作过于僵硬；提膝时没有接近上体，造成发力不足，力量过小；击打腿的运行路线不是水平的，上体后仰过大，不易保持平衡，也不易衔接其他腿法。因此，应做提膝与推踢的分解练习，动作熟练后再进行完整练习。

4. 伤害预防

踢击时尽量以脚跟为着力点，练习时要充分做好腿部肌肉的柔韧性练习，以防止拉伤腿部肌肉。

图 3-3-6

（七）后踢

1. 动作方法

（1）实战姿势站立，右脚蹬地，身体重心移至左腿，右脚以前脚掌为轴，脚跟向内旋转。

（2）左脚以前脚掌为轴，脚跟向外旋转180度，使脚跟正对对方，呈背向对方姿势。

（3）右脚蹬地提起，左腿支撑，右腿大小腿折叠，髋关节收紧，脚尖勾起，右肩下压以保持平衡。

（4）迅速向后展髋伸膝沿直线向后蹬踢，上体略侧倾，力达脚跟。

（5）动作完成后，上体右转，右脚向前落步，呈实战姿势站立。见图3-3-7。

图 3-3-7

2. 技术要点

（1）后踢时上体应与踢击腿在同一平面内，要控制肩部下压。

（2）提腿时大小腿应充分折叠。

（3）转身、踢腿、出击三个动作要连贯有力。

3. 错误纠正

踢击腿路线不直，容易失去平衡；击打时肩和上体随之转动，造成动作过大而容易被对方反击；踢击时没有压肩，容易失去平衡或身体过于外翻。因此，应两人一组，由同伴双手扶肩或单独手扶支撑物，由慢到快进行练习，踢击时，踢击腿同侧的手做向下冲拳动作，使肩部下压。

4. 伤害预防

练习后踢前应该加强腰部力量的练习，并且注意腰部和肩部的热身，以防止拉伤。

（八）反抡踢

1. 动作方法

（1）实战姿势站立，左腿在前，以前脚掌为轴向内旋约180度，身体向右转约90度。

（2）两拳分别置于胸前和腋下，上体右转与双腿拧成一定角度。

（3）右脚蹬地，将蹬地的力量与上体拧转的力量合在一起。右腿向后上踢出，以髋关节为轴提腿至腰，然后继续向右后旋摆击出。

（4）上体向右转，带动右腿弧形踢至身体右侧，右腿屈膝收回，右脚落至右后呈实战姿势。见图3-3-8。

2. 技术要点

转身、旋转、踢腿连贯进行，一气呵成，中间没有停顿；击打点应在正前方，呈水平弧线；提膝踢腿及旋转的速度要快；重心在原地与略前处旋转360度。

图 3-3-8

3. 错误纠正

转身、踢腿中有停顿，二次发力；起腿太早，最高最远点不在正前方；身体重心过于向前倾，动作在失控的情况下完成，质量欠佳。因此，初学者应由同伴帮助或手扶支撑物，进行分解练习。练习的重点是转体与摆腿，重点强调摆腿的发力点，当腿摆到正前方时，应是水平的弧线而且力量最大，等动作熟练掌握后再进行完整练习。

4. 伤害预防

练习前应该加强腰部力量和柔韧性的练习，并充分做好准备活动。另外注意保持身体平衡防止摔倒。

二、腿法进攻

在实战或比赛中，双方都在不断运动，不会一直停留在原地等对方攻击，这时后腿进攻的技术往往就受到了一定的限制，而前腿进攻不但可以延长打击距离，也可以加快打击速度，配合步法可以进行抢点攻击。

（一）前腿抢踢

1. 动作方法

（1）实战姿势站立，右腿向前垫步。

（2）左腿屈膝上提，使大腿接近水平，膝关节夹紧，动作不停，以右脚前脚掌为轴，脚跟外旋，上体略向右侧转体，由转体带动大腿至小腿，横向由外向上、向前、向内呈弧线形摆踢，力达脚背。

（3）击打的瞬间，腰部、大腿、小腿要呈一条直线。

（4）动作完成后按原路收回，呈实战姿势站立。见图3-3-9。

2. 技术要点

动作衔接要快，抢踢时要迅速伸膝发力，借助转腰的力量加大打击力度，上体不要倾斜过大，踢击的瞬间同侧手应置于大腿外侧，另一侧手置于下颌防守。

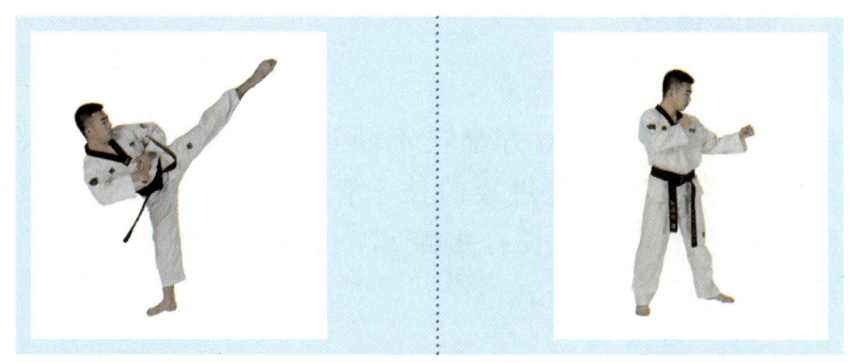

图 3-3-9

3. 错误纠正

打击力点不准；踢击的时候含胸屈膝，腰、大腿、小腿没有在一条直线上。因此，踢击时应注意膝关节的放松，加强髋部的柔韧性，手扶支撑物对着镜子做分解动作。

4. 伤害预防

同抡踢。

(二) 前腿侧踢

1. 动作方法

(1) 实战姿势站立，右腿向前垫步，身体重心后移，左腿屈膝提起，与腰同高，大腿贴近胸部，小腿收紧，脚尖自然勾起，双手握拳，身体向右侧后仰。

(2) 大腿猛力伸直，带动脚掌向前沿直线踢击，发力的同时展髋，支撑腿脚尖指向侧后方，右手置于胸前防守。

(3) 动作完成后按原路线收回，呈实战姿势站立。见图3-3-10。

2. 技术要点

配合垫步练习时，垫步要与侧踢衔接顺畅，提膝与侧踢腿动作要协调一致。

图 3-3-10

3. 错误纠正

踢击腿不能呈一条直线，力点不准，击打距离短。因此，应手扶着同伴或支撑物进行分解练习，体会动作方法，踢腿完成时，大腿与胸部应保持一条直线，发力过程中，应避免以膝关节为轴弹踢。

4. 伤害预防

同侧踢。

（三）前腿下劈

1. 动作方法

（1）实战姿势站立，右腿向前垫步，左腿提起，左侧髋关节上送。

（2）右脚跟抬起，左腿快速踢过头顶，然后迅速向下方劈落，力达脚跟或前脚掌。

（3）动作完成后迅速呈实战姿势站立。见图 3-3-11。

2. 技术要点

步法与劈腿配合要快。

图 3-3-11

3. 错误纠正

脚跟不离地，没有送髋举腿的动作；下劈过于用力，掌握不好平衡；身体过分后仰。因此，应面对镜子进行慢动作练习。

4. 伤害预防

同下劈。

三、腾空腿法技术

腾空腿法技术包括前腿双飞踢、后腿双飞踢和旋风踢等，属于跆拳道里经典的腿法，练习者应循序渐进，从分解动作学起，逐渐掌握动作方法。

（一）前腿双飞踢

1. 动作方法

（1）实战姿势站立，右脚向前垫步，左腿向前做抡踢动作，在左腿动作即将完成之际，右腿向前起跳做抡踢动作。

（2）动作完成后，两腿放松，呈实战姿势站立。见图3-3-12。

2. 技术要点

（1）左腿抡踢目标的同时，右脚蹬地跳。

（2）两腿在空中交换，左脚先落地。

（3）右脚起跳后迅速随身体右转抡踢目标。

（4）用腰部力量带动双腿。

图 3-3-12

3. 错误纠正

左抡踢和右脚起跳时机不准；右抡踢和左抡踢之间间隔过长。因此，应该先利用踢击沙袋练习右抡踢同时左脚起跳的动作，熟练后再起左腿抡踢；可利用原地右抡踢起跳左抡踢空击练习，提高出腿和起跳的速度。

4. 伤害预防

双腿之间的抡踢转换需要腰部来带动，所以对腰部力量要求较高，注意做一些增加腰腹部力量和灵活性的辅助练习。

（二）后腿双飞踢

1. 动作方法

（1）实战姿势站立，身体重心移至左脚，同时，右腿向前做抡踢动作，在右腿动作即将完成时，左腿向前起跳做抡踢动作。

（2）动作完成后两腿放松，呈实战姿势站立。见图3-3-13。

2. 技术要点

（1）双飞踢动作要连贯，一般情况下第一次踢击比第二次踢击力量要小，这样有利于双腿的转换。

（2）击打时髋关节应充分前送，膝关节和小腿要放松，上体要随之转动，小腿顺势向前弹踢击。

（3）完成双飞踢动作时身体应该是向前而不是向上。

（4）完成整套动作时，身体要放松，动作起动要快。

图 3-3-13

3. 错误纠正

动作僵硬，没有送髋，大小腿僵直，动作衔接性差；起跳过高；动作不连贯。因此，应在练习中做分解动作，不要强调力量和速度，第一腿先不要完全踢出，主要找第二腿的感觉，熟练后再做连续动作。

4. 伤害预防

同前腿双飞踢。

(三) 旋风踢

1. 动作方法

(1) 实战姿势站立，左脚向右脚右侧前方跨一步，左脚内扣落地，身体向右旋转 180 度。

(2) 左脚落地的同时，右腿随身体继续右转向右后摆起，此时身体已转动 360 度，左脚蹬地起跳，顺势在空中用抡踢击打对方腹部或头部，右脚落地支撑。见图 3-3-14。

2. 技术要点

(1) 上步转体动作要迅速果断，左脚内扣落地时脚跟对敌。

(2) 右脚随身体右转向后右侧摆起时不要太高，以能带动身体旋转起跳为宜。

（3）左脚蹬地起跳，身体腾空，但不过膝，目的是快速旋转出腿。

（4）左脚抡踢时，右腿向下落地，要快落站稳，即抡踢目标的同时右脚落地。

图 3-3-14

3. 错误纠正

击打腿的大小腿折叠角度不够，击打力度小；上体向后倾过大，造成击打腿没有完全伸直，击打距离过短或重心不稳；动作不连贯。因此，两人在配合练习时，双方都应穿护具，先分解练习每部分动作，击打的力量要小，然后将动作完整成套练习，要求动作轻快，迅速果断，并适当加大打击力度；还可利用脚靶和沙袋练习，利用脚靶时，持脚靶一方的位置固定，练习者根据适当的距离站位，然后用连续动作击打脚靶；利用沙袋练习时，练习者站在适合的位置，然后按动作规格要求快速有力地完成动作，最后的踢击要发力迅速。

4. 伤害预防

同前腿双飞踢。

第四节 防守技术

在跆拳道技术体系中，防守技术是不可缺少的内容，从得分和不失分的角度来看，它与进攻技术同样重要。在比赛中，如得分多，但失分更多，则还是输；如果在得分的同时能很好地防守对方的进攻并能抓住机会反击，获胜的把握就更大一些，因此在进行跆拳道技术训练时，要把防守技术作为一项重要内容来练习。跆拳道的主要防守方法有三种：一是利用闪躲、贴近等方法，通过脚步的移动，使对方的进攻落空；二是利用手臂的格挡阻截对方的进攻；三是以攻对攻，用进攻的方法阻止对方的进攻。

一、闪躲与贴近防守

闪躲和贴近防守是跆拳道实战和比赛中运用较多的防守技巧，不但可以减少对自身的伤害，还可以给自己创造反击、进攻的机会。

（一）闪躲

闪躲就是当对方进攻时，我方通过脚步的移动，向左右两侧或向后闪躲，从而使对方的进攻落空。跆拳道里各种脚步的灵活运用是练习好闪躲防守的必要条件。

（二）贴近防守

贴近防守是当对方进攻时，我方快速上步与对方靠贴在一起，使对方由于距离过近而无法发挥进攻的威力的一种防守。如当对方使用后腿下压技术进攻我方时，我方向左侧或右侧移动身体，避开对方的下压进攻；再如当对方前旋踢进攻时，我方可快速后撤一步，或是立即上前一步贴近对方，使其不能用规则允许的踝关节以下的部位击打得分。在比赛中，双方运动员常常在都没有开始进攻时运用向后撤的方法，这时两人之间的距离相对较远，后撤较容易使对方的进攻落空，在后撤的同时可使用旋踢、后踢、反抡踢或下压攻击对方；运用向两侧移动的方法主要是在化解掉对方进攻的同时，使自己能够在合适的位置上快速有效地击打对方从而得分；运用贴近的方法主要是在双方距离较近，尤其是在第一次击打，一方想趁距离近，对方需要调整身体重心的时机，快速起腿进攻得分，而另一方则立即上步贴近对方。

二、格挡防守

格挡防守主要是介绍修习太极品势时格挡的动作原理，在实战和比赛中不建议经常使用格挡防守，因为腿部踢击的力量较大，而手臂的力量相对较小，容易对自身造成一定的伤害。

（一）上格挡

1. 动作方法

（1）实战姿势站立，左手握拳由下至上，用左前臂上架格挡，或是右手握拳，用前臂上架格挡。

（2）手臂上架的同时，肘部向内侧移动，做向上并向外横拔

图 3-4-1

的动作。见图 3-4-1。

2. 技术要点

（1）抬臂要迅速，前臂弯曲上架，头部略后仰，不要与上架的手臂在一个垂直面上，以免对方下压力量太大，我方前臂不能有效格挡，面部被对方打中。

（2）如果单纯只是上架，对方就会借力保持身体重心并快速收腿以连接下一个动作，这样对我方非常不利，正确的方法是向上格挡时手臂要有一个向上并向外横拨的动作，使对方借不到力，不能快速调整好身体重心。

（3）快速向上格挡的同时准备实施反击，要在对方调整好重心或连接下一个动作之前进行反击。

3. 错误纠正

向上格挡的同时没有向外横拨，只是单纯上架，没有立即反击；上架时手臂和头部在一个垂直面上，一旦对方下压力量太大，我方的面部就会被对方击中。因此，上格挡防守的手臂应该在面部的前上方。

（二）中格挡

★内中格挡

1. 动作方法

（1）品势预备姿势站立，左手向左侧上提至头部。

（2）以腰带臂将右手由右向左格挡，左手收于腰间。

（3）左右动作相同，方向相反。见图 3-4-2。

图 3-4-2

2. 技术要点

力达前臂外侧。

3. 错误纠正

动作过于僵硬，没有力度，幅度过小或过大。因此，在格挡时拳的高度在鼻中和下颌之间，肘关节角度在 90 ～ 110 度。

★ 外中格挡

1. 动作方法

（1）品势预备姿势站立双手上提至腹前，右手在上，左手在下。

（2）以腰带臂使左手前臂外旋向外格挡，右手收于腰间。

（3）左右动作方法相同，方向相反。见图 3-4-3。

2. 技术要点

力达前臂内侧。

3. 错误纠正

动作过于僵硬，幅度过小或过大。因此，在格挡时拳的高度在鼻中和下颌之间，肘关节角度在 90 ～ 110 度。

图 3-4-3

图 3-4-4

（三）斜下格挡

利用手臂或手刀自上向下的格挡动作称为斜下格挡。

1. 动作方法

（1）实战姿势站立，左手握拳由上至下，用左前臂向左斜下方格挡，或是右手握拳，用右前臂向右斜下方格挡。

（2）用左前臂格挡，则有利于后腿（右腿）的进攻，进攻动作有旋踢击腹或击头、下压等；若用右前臂格挡，则有利于前腿（左腿）的进攻，进攻动作有前旋踢、旋踢、侧踢、下压等。见图3-4-4。

2. 技术要点

（1）斜下格挡时，要有力，短促，格挡幅度要小，格挡后手臂不要再有一个向外撩的动作。

（2）前臂格挡的同时，要有一个向格挡的反方向移动的动作，与对方踢过来的腿有一定的距离，否则如果对方腿击打的力量较大，很容易连同手臂、护具一起被击打。

（3）斜下格挡的同时，是我方迅速做出反击动作的最好时机之一。

（4）格挡对方的部位是其腿的胫骨以下。

3. 错误纠正

前臂格挡的同时，身体没有向格挡的反方向移动，造成在对方腿击打的力量较大时，连同手臂、护具一起被击打。因此，在斜下格挡的同时，应该迅速做出反击动作，不要错过得分的时机。

（四）斜上格挡

1. 动作方法

（1）实战姿势站立，左手握拳由下至上，用左前臂向左斜上方格挡。

（2）右手握拳，用右前臂向右斜上方格挡。见图 3-4-5。

图 3-4-5

2. 技术要点

（1）斜上格挡的同时，是我方迅速做出反击动作的较好时机。

（2）格挡对方的部位是其腿的胫骨以下。

（3）斜上格挡的同时，要防止对方借力使用侧踢阻击动作。

3. 错误纠正

前臂格挡的同时，身体没有向格挡的反方向移动，造成在对方用腿击打的力量较大时，连同手臂、头部一起被击中。因此，斜上格挡的同时，应该迅速做出反击动作，不要错过得分时机。

（五）十字格挡

★ 高十字格挡

1. 动作方法

（1）品势预备姿势站立，左脚向前迈进一步呈左弓步。

（2）双手握拳上举至颈部时，双手交叉呈成十字，腕关节用力举过头顶向上格挡。见图 3-4-6。

2. 技术要点

力达双手前臂外侧。

3. 错误纠正

上举高度不够。因此，应由慢到快逐渐体会动作方法，也可让同伴做攻击动作，来增强防守意识。

图 3-4-6

★ 低十字格挡

1. 动作方法

品势预备姿势站立，右脚向前上步呈弓步，双手握拳交叉呈十字用力向下格挡。见图 3-4-7。

2. 技术要点

力达双手前臂外侧。

3. 错误纠正

双臂置于腹前距离过大。因此，双臂置于腹前的距离应该在 20 ～ 30 厘米。

图 3-4-7

（六）手刀格挡

1. 动作方法

预备势站立，左脚上步呈三七步，双手由拳变手刀上举至右侧上方，上臂与肩平。见图 3-4-8。

2. 技术要点

力达双手前臂外侧。

3. 错误纠正

手与手臂夹角不对。因此，应保持夹角在 110 ～ 130 度。

图 3-4-8

第四章

跆拳道太极品势修炼

4

跆拳道的品势是指练习者以技击为主要内容，通过攻守进退的动作编排强身健体、培养意志的一种练习形式。它与中国武术中所说的套路相似。

第一节　太极一章

太极一章，代表太极八卦中的"乾"，因为"乾"是宇宙万物的根源，日出光气舒展之形态。天始而地成，动作由预备势开始到收势时应回到起点，预示着生命生生不息，事物周而复始。

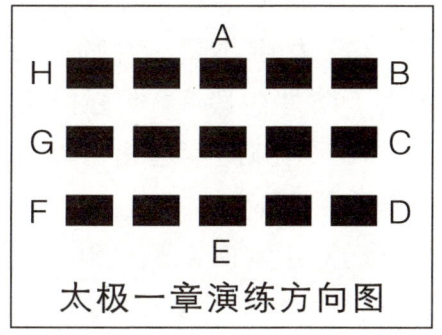

太极一章演练方向图

一、预备势

站于 A 方向位置，面向 E 方向，两脚与肩同宽，自然站立，两手握拳屈臂于腹前，拳心向内，眼睛平视前方。

二、具体动作

1. 动作方法

（1）身体左转，左脚向 B 方向（简称 B，以下同）呈左前探步（前行步），左臂下格防（防左下段），右拳收回腰侧。

（2）右脚向 B 迈进一步呈右前探步,右拳前冲拳（攻中段）,左拳收回腰侧。

（3）身体右转 180 度,右脚向 H 迈进一步呈右前探步,右臂下格防（防右下段）。

（4）左脚向 H 迈进一步呈左前探步,左拳前冲拳（攻击中段）。

（5）身体左转 90 度,左脚向 E 迈进呈左弓步,左拳屈肘下格防（防左下段）,右拳收回腰侧。

（6）两脚不动,右拳前冲拳（攻中段）,左拳收回腰侧。

（7）左脚不动,右脚向 G 移步呈右前探步,身体右转,左臂外格（防左中段）,拳心向上,右拳收回腰侧。

（8）左脚向 G 迈进一步呈左前探步,右拳前冲拳（攻中段）,左拳收回腰侧。

（9）身体向 C 转 180 度,左脚向 C 迈进一步呈左探步,右臂屈肘向外格挡（防中段）。

（10）右脚向 C 迈进呈右探步,左拳前冲拳（攻中段）,右拳收回腰侧。

（11）以左脚为轴,身体右转,右脚向 E 移步呈右弓步,右臂屈肘上抬至左肩,然后向下格防（防右下段）,左拳收回腰侧。

（12）两脚不动,左拳前冲拳（攻中段）,右拳收回腰侧。

（13）身体左转,左脚向 D 移步呈左前探步,左臂屈肘上架（防左上段）,置于额前,拳心朝外。

（14）上提重心,左脚跟略提,右脚前踢,两臂下截,置于体侧,右腿下落呈右前探步,右拳前冲拳（攻中段）,左拳收回腰侧。

（15）以左脚为轴,身体右后转,右脚向 F 移步呈右前探步,右臂屈肘上架（防右上段）,置于额前,拳心朝外。

（16）上提重心，右脚跟略提，左脚前踢，两臂下截，置于体侧，左腿下落呈左前探步，左拳前冲拳（攻中段），右拳收回腰侧。

（17）以右脚为轴，身体右转，左脚向 A 移步呈左弓步，左臂屈肘上抬至右肩，然后向下格防（防左下段），右拳收回腰侧。

（18）右脚向 A 迈进一步呈右弓步，右拳前冲拳（攻中段）并喊"呀"，左拳收回腰侧。

2. 技术要点

前踢接冲拳时，关键是掌握好身体重心，前踢要高，向前送髋，初学者最难的就是向前送髋，落腿就冲拳，中间不停顿。

三、收势

以右脚为轴，身体向左后转，左脚向后撤与右脚平行，两手握拳屈臂于腹前呈准备姿势。

第二节 太极二章

太极二章，代表太极八卦中的"兑"："兑"的含义为内刚外柔，因此，表现时应注意外在柔的表现和内在强烈的攻击力度。本章整体节奏舒缓而内含力度，在练习时应该体现出刚柔并济、快慢有度的精神内涵。

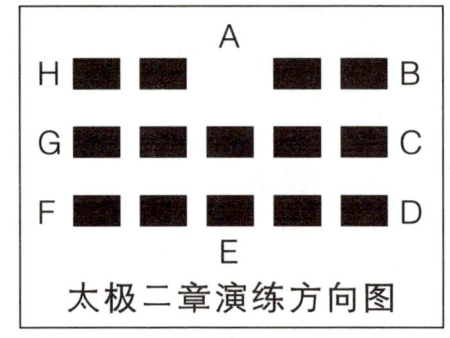

太极二章演练方向图

一、预备势

站于 A 方向位置，面向 E 方向，两脚与肩同宽，自然站立，两手握拳屈臂于腹前，拳心向内，眼睛平视前方。

二、具体动作

1. 动作方法

（1）左转身体向 B 呈左前探步，左臂下格防（防左下段），右拳收回腰侧。

（2）右脚向 B 迈进呈右弓步，右拳前冲拳（攻中段），左拳收回腰侧。

（3）以左脚为轴，身体右后转，同时右脚向 H 移步呈右前探步，右臂屈肘上抬至左肩，然后向下格防（防右下段），左拳收回腰侧。

（4）左脚向 H 迈进呈左弓步，同时左拳前冲拳（攻中段），右拳收回腰侧。

（5）以右脚为轴，身体左转，同时左脚向 E 移步呈左前探步，右臂屈肘向里格挡（防中段），左拳收回腰侧。

（6）右脚向 E 迈进一步呈右前探步，同时左臂屈肘向里格挡（防中段），右拳收回腰侧。

（7）身体左转，左脚向 C 移步呈左前探步，左臂向下格防。

（8）上提重心，左脚跟略提，右脚前踢，两臂下截，置于体侧，右腿下落呈右弓步，同时右拳前冲拳（攻上段），左拳收回腰侧。

（9）以左脚为轴，身体右后转，右脚向 G 移步呈右前探步，右臂向下格防（防右下段），左拳收回腰侧。

（10）左脚前踢，两臂下截，置于体侧，左腿下落呈左弓步，左拳前冲拳（攻上段），右拳收回腰侧。

（11）以右脚为轴，身体左转 90 度，左脚向 E 移步左前探步，左臂屈肘上架（防左上段），左拳置于额前，拳心朝外，右拳收回腰侧。

（12）右脚向 E 迈进一步呈右前探步，同时右臂屈肘上架（防右上段），右拳置于额前，拳心朝外，左拳收回腰侧。

（13）以右脚为轴，身体左后转，左脚向 F 移步呈左前探步，右臂屈肘向里格挡（防中段）。

（14）以左脚为轴，身体右后转，右脚向 D 移步呈右前探步，左臂屈肘向里格挡（防中段）。

（15）身体左转，左脚向 A 移步呈左前探步，左臂向下截拳。

（16）右脚前踢，两臂下截，置于体侧，右腿下落呈右前探步，右拳前冲拳（攻中段），左拳收回腰侧。

（17）左脚前踢，两臂下截，置于体侧，左腿下落呈左前探步，左拳前冲拳（攻中段），右拳收回腰侧。

（18）右脚前踢，两臂下截，置于体侧，右腿下落呈右前探步，右拳前冲拳（攻中段）并喊"呀"，左拳收回腰侧。

2. 技术要点

左右上架防上段时，上架要到位，重心掌握好。

三、收势

以右脚为轴，身体左后转，左脚向后撤，与右脚平行，两手握拳屈臂于腹前呈准备姿势。

第三节 太极三章

太极三章，代表太极八卦中的"离"。"离"指如火一般的明亮。太极三章演练取火的形态，通过手、脚、躯干的交错运用，使初学者能够掌握攻击与防守的敏捷性与灵活性的特点，因此，表现时应注意动作的活跃性。

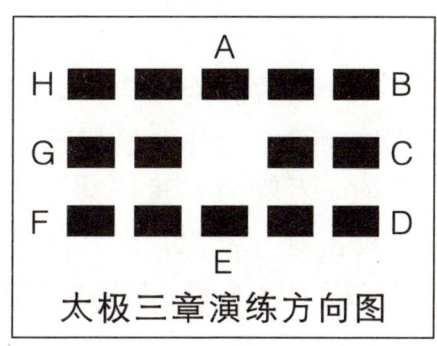

太极三章演练方向图

一、预备势

站于 A 方向位置，面向 E 方向，两脚与肩同宽，自然站立，两手握拳屈臂于腹前，拳心向内，眼睛平视前方。

二、具体动作

1. 动作方法

（1）左转身体向 B 呈左前探步，左臂向下格防（防左下段），右拳置于腰侧。

（2）上提重心，左脚跟略提，右脚前踢，两臂下截，置于体侧。右腿下落呈右弓步，同时右拳前冲拳（攻中段），然后左拳前冲拳（攻中段），右拳收回腰侧。

（3）以左脚为轴，两臂下截，置于体侧，身体右后转，同时右脚向 H 呈右前探步，右臂向下格防（防右下段），左拳收回腰侧。

（4）左脚前踢，两臂下截，置于体侧，左腿下落呈左弓步，同时左拳前冲拳（攻中段），然后右冲拳（攻中段），呈连续攻击。

（5）以右脚为轴，身体左转，同时左脚向 E 移步呈左前探步，右拳变手刀，由外向里横砍，攻击对方颈部，左拳收回腰侧。

（6）右脚向 E 进一步呈右前探步，左拳变手刀，由外向里横砍，攻击对方颈部，右拳收回腰侧。

（7）身体左转，左脚向 C 移步呈左三七步，左手刀向外横截，右拳收回腰侧。

（8）左脚向 C 迈呈左弓步，右拳前冲拳（攻中段），左手刀变拳收回腰侧。

（9）以左脚为轴，身体右后转向呈右三七步，同时右脚略后撤，右拳变手刀向外横截。

（10）右脚向 G 迈进半步呈右弓步，左拳前冲拳（攻中段），右手刀变拳收回腰侧。

（11）以右脚为轴，身体左转，左脚向 E 移步呈左前探步，右臂屈肘向内横格（防中段），左拳收回腰侧。

（12）右脚向 E 迈进一步呈右前探步，左臂屈肘向内横格（防中段），右拳收回腰侧。

（13）以右脚为轴，身体右后转，左脚向 F 移步呈左前探步，左拳下格防（防左下段），拳面朝下，右拳收回腰侧。

（14）右脚前踢，两臂下截，置于体侧，右腿下落呈右弓步，右拳前冲拳（攻中段），左拳收回腰侧，然后左拳前冲拳（攻中段），形成连续攻击。

（15）以左脚为轴，身体右转 180 度，右脚向 D 移步呈右前探步，右拳下格防（防右下段），左拳收回腰侧。

（16）左脚前踢，两臂下截，置于体侧，左腿下落呈左弓步，左拳前冲拳（攻中段），右拳前冲拳（攻中段）。

（17）以右脚为轴，身体左转，左脚向 A 移步呈左前探步，左拳下格防（防左下段），右拳收回腰侧，两脚不动，右拳前冲拳（攻中段），左拳收回腰侧。

（18）右脚向 A 迈进一步呈右前探步，右拳下格防（防右下段），左拳收回腰侧，再出左拳前冲拳（防中段），右拳收回腰侧。

（19）左脚前踢，两臂下截，置于体侧，左腿下落呈左前探步，左拳下格防（防左下段），右拳收回腰侧，再出右拳前冲拳（攻中段），左拳收回腰侧。

（20）右脚前踢，两臂下截，置于体侧。右腿下落呈右前探步，右拳下格防（防右下段），左拳收回腰侧。再出左拳前冲拳（攻中段），发声喊"呀"，右拳收回腰侧。

2. 技术要点

前踢左右冲拳连续击打时，前踢要注意送髋，另外，左右冲拳重心不要太高，用腰带肩，击打要有力。

三、收势

以右脚为轴，身体左后转，左脚向后撤与右脚平行，两手握拳屈臂于腹前呈准备姿势。

第四节　太极四章

太极四章，代表太极八卦中的"震"。"震"的含义就是要时刻有警备及虔诚的态度。因为套路中的动作难度比较大，所以表现时应注意重心稳定，动作准确。目的在于修炼内心处变不惊的境界。

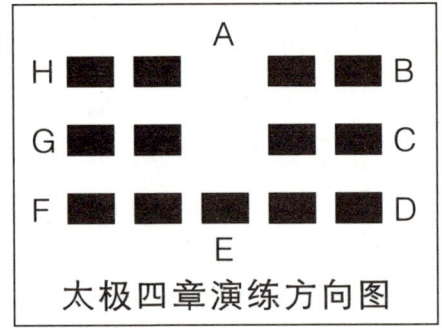

太极四章演练方向图

一、预备势

站于 A 方向位置，面向 E 方向，两脚与肩同宽，自然站立，两手握拳屈臂于腹前，拳心向内，眼睛平视前方。

二、具体动作

1. 动作方法

（1）身体左转，左脚迈向 B 呈右三七步，两拳变手刀，左手刀向左侧横截，手心向下，与肩齐（防左中段），右手刀置于胸前，手心向上。

（2）右脚向 B 迈进呈右弓步，左臂屈肘左手下按（防对方前踢），右手刀呈贯手向前插击，指尖朝前。

（3）以左脚为轴，身体右后转，同时右脚向 H 移步呈左三七步，右手刀向外横截，手心向下，高与肩齐，左手刀置于胸前，手心向上。

（4）左脚向 H 迈进呈左弓步，右臂屈肘右手下按（防对方前踢），左手刀呈贯手向前插击，指尖朝前。

（5）以右脚为轴，身体左转，同时左脚向 E 移步呈左弓步，左臂屈肘上架，置于额前，右手刀向内横砍，手心向上（攻击对方颈部）。

（6）右脚前踢，两臂下截，置于体侧，右腿下落呈右弓步，左拳呈前冲拳（攻中段），右拳收回腰侧。

（7）以右脚为轴，身体右转并侧倾，同时左腿向 E 侧踢，两臂置于体侧。

（8）左脚落下，以左脚为轴，身体左转并侧倾，同时右腿向 E 侧踢，右脚落下呈左三七步，两拳变手刀，右手刀向外横截（防中段），高与肩齐，左手刀置于胸前，手心向上。

（9）以右脚为轴，身体左后转，同时左脚向 F 移步呈右三七步，左手刀变拳向外横截（防中段），拳心向下，右手刀变拳收回腰侧。

（10）右脚前踢，然后回落呈右三七步，右臂屈肘向内横格（防中段），左手刀变拳收回腰侧。

（11）身体右后转，同时右脚外转移向 D 呈三七步，重心落在左脚，右臂屈肘向外横截（防右中段）。

（12）左脚前踢，左脚回落呈左三七步，左臂屈肘向内横格（防中段），拳心向上，右拳收回腰侧。

（13）以右脚为轴，身体左转，左脚向 A 移步呈左弓步，两拳变手刀，左手架于额前，右手刀向内横砍，手心向上（攻击对方颈部）。

（14）右脚前踢，两手刀变拳，置于体侧，右脚下落呈右弓步，右臂屈肘向内横格（攻上段），拳心向上，左拳收回腰侧。

（15）以右脚为轴，身体左转，左脚向 G 移步呈左前探步，左拳向里横格（防中段），右拳收回腰侧。

（16）两脚不动，右拳前冲拳（攻中段），左拳收回腰侧。

（17）身体右后转，面向 B 方向呈右前探步，右臂屈肘外格防（防中段），拳心向上。

（18）两脚不动，左拳前冲拳（攻中段），右拳收回腰侧。

（19）以右脚为轴，身体左转，左脚向 A 移步呈左弓步，左臂屈肘向内横格（防中段），拳心向上，两脚不动，右拳前冲拳（攻中段），左拳收回腰侧，然后左前冲拳（攻中段），右拳收回腰侧。

（20）右脚向 A 移步呈右弓步，右臂屈肘向内横格（防中段），拳心向上，左拳收回腰侧，两脚不动，左拳前冲拳（攻中段），右拳收回腰侧，然后右拳前冲拳（攻中段），发声喊"呀"，左拳收回腰侧。

2. 技术要点

要送髋、伸大腿带动小腿，初学者有时只伸小腿，并且小腿无力。高度越高，越要掌握好重心。

三、收势

以右脚为轴，身体左后转，左脚向后撤，与右脚平行，两手握拳屈臂于腹前呈准备姿势。

第五节 太极五章

太极五章，代表太极八卦中的"巽"。"巽"的含义为风，因此表现时要注意如风一般愈演愈烈的精神。由动作刚开始时的单调沉静至渐渐强烈。本章前半部分动作节奏舒缓，后半部分节奏明快有力。

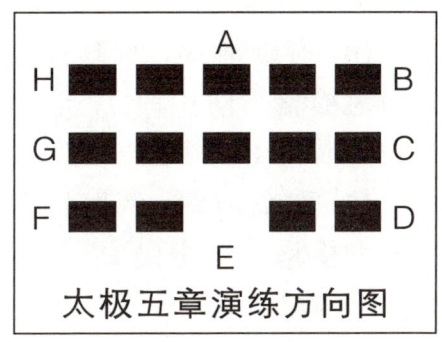

太极五章演练方向图

一、预备势

站于 A 方向位置，面向 E 方向，两脚与肩同宽，自然站立，两手握拳屈臂于腹前，拳心向内，眼睛平视前方。

二、具体动作

1. 动作方法

（1）左转身体，左脚迈向 B 呈左弓步，左拳下格（防左下段），右拳收回腰侧。

（2）右转身体向 E，同时左脚回撤与右脚平行呈左前探步，目视 B 方向，左臂由内向外呈圆弧动，与肩同高，拳眼向上。

（3）身体右转，同时右脚向 H 移步呈右弓步，右拳下格（防右下段），左拳收回腰侧。

（4）左转身体向 E，同时右脚回撤与左脚平行呈右前探步，右拳由内向外呈圆弧动，与肩同高，拳眼向上。

（5）右脚不动，左脚向 E 移步呈左弓步，左拳由外向内横格（防中段），拳心向上，右拳收回腰侧，右拳由外向内横格（防中段），拳心向上，左拳收回腰侧。

（6）右脚前踢，两臂置于体侧，右腿下落呈右弓步，右拳由外向内横格（防中段），拳心向上，左拳收回腰侧，然后左拳由外向内横格（防中段），拳心向上，右拳收回腰侧。

（7）左脚前踢，两臂置于体侧，左腿下落呈左弓步，左拳由外向内横格（防中段），拳心向上，右拳收回腰侧，然后右拳由外向内横格（防中段），拳心向上，左拳收回腰侧。

（8）右脚向 E 移步呈右弓步，右拳由下向上（上勾拳）发力（攻上段），左拳收回腰侧。

（9）以右脚为轴，身体右后转，同时左脚向 F 移步呈右三七步，左拳变手刀向外横截（防中段），右拳收回腰侧。

（10）右脚向 F 移步呈右弓步，右臂屈肘用肘尖由外向内横击，左手顶于右拳面。

（11）以左脚为轴，身体右后转，右脚向 D 移步呈右三七步，右拳变手刀向外横截（防中段），左拳收回腰侧。

（12）左脚向 D 移步呈左弓步，左臂屈肘用肘尖由外向内横击，右手顶于左拳面。

（13）以右脚为轴，身体左转，左脚向 A 移步呈左弓步，左拳下格，右拳收回腰侧，再用右拳由外向内横格，拳心向上，左拳收回腰侧。

（14）右脚前踢，两拳置于体侧，右脚下落呈右弓步，右拳下格，左拳收回腰侧，再用左拳由外向内横格，拳心向上，右拳收回腰侧。

（15）以右脚为轴，身体左转，左脚向 H 移步呈左弓步，左臂屈肘置于额前（防上段）。

（16）身体左转右腿侧踢，右脚下落呈右弓步，左臂屈肘用肘尖中位横击，右手顶于左拳面。

（17）以左脚为轴，身体右后转，右脚向 B 移步呈右弓步，右臂屈肘上架，置于额前（防上段），右拳收回腰侧。

（18）身体右转，左腿侧踢，左脚下落呈左弓步，右臂屈肘用肘尖中位横击，左手顶于右拳面。

（19）以右脚为轴，身体左转，左脚向 A 移步呈左弓步，左拳下格，右拳收回腰侧，再用右拳由外向内横格（防中段），拳心向上，左拳收回腰侧。

（20）右脚前踢，两拳置于体侧，右脚下落，左脚向右脚后侧上步，脚尖落地，呈交叉步，右拳由下向上（上勾拳）发力（攻上段），左拳收回腰侧。

2. 技术要点

双手刀下格时截击要有力，掌握好身体重心。

三、收势

以右脚为轴，身体左后转，左脚向后撤步，与右脚平行，两手握拳屈臂于腹前呈准备姿势。

第六节　太极六章

太极六章，代表太极八卦中的"坎"。"坎"的含义是像水一般柔软，连绵不断，柔和自然，突出万物生长以水为育的真理。

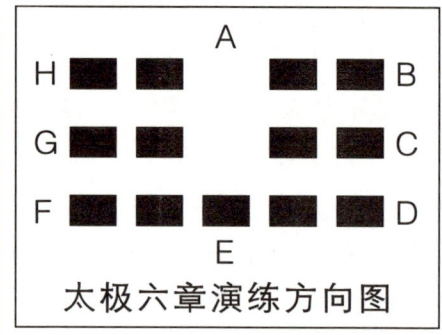

太极六章演练方向图

一、预备势

站于 A 方向位置，面向 E 方向，两脚与肩同宽，自然站立，两手握拳屈臂于腹前，拳心向内，眼睛平视前方。

二、具体动作

1. 动作方法

（1）左转身体，左脚迈向 B 呈左弓步，左拳下格（防下段），右拳收回腰侧。

（2）右脚前踢，两拳置于体侧，右脚向后落步，左脚略后撤呈右三七步，左拳由外向内横格（防中段），拳心向上，右拳收回腰侧。

（3）以左脚为轴，身体右转，右脚向 H 移步呈右弓步，右拳下格（防右下段），左拳收回腰侧。

（4）左脚前踢，两拳置于体侧，左脚向后落步，右脚略后撤呈左三七步，右拳由外向内横格（防中段），拳心向上，左拳收回腰侧。

（5）左转身体，左脚迈向 E 呈左弓步，右拳变手刀向外横截（攻上段），掌心向下，左拳收回腰侧。

（6）右脚抡踢，两臂置于体侧。

（7）右脚抡踢后下落至左脚后侧，左脚迈向 C 呈左弓步，左臂屈肘外截（防中段），拳心向下，右拳收回腰侧，两脚不动，右拳前冲拳（攻中段），左拳收回腰侧。

（8）右脚前踢，两拳置于体侧，右脚向前落步呈右弓步，左拳前冲拳（攻中段），右拳收回腰侧。

（9）以左脚为轴，身体右后转，同时右脚向 G 移步右弓步，右拳外截（防中段），拳心向下，左拳收回腰侧，再用左拳前冲拳（攻中段），右拳收回腰侧。

（10）左脚前踢，两拳置于体侧，左脚向前落步呈左弓步，右拳前冲拳（攻中段），左拳收回腰侧。

（11）以右脚为轴，身体左转向 E，右脚向右移步呈平行步，两臂由下向上交叉架于额前，右臂在内呈十字形（防上段），然后两拳由上向下截拳，置于体侧。

（12）左脚不动，右脚向 E 移步呈右弓步，左拳变手刀向外横截（攻上段），掌心向下，右拳收回腰侧。

（13）左脚抡踢，两臂置于体侧。

（14）左脚抡踢后下落至右脚侧，右转身体，右脚迈向 D 呈右弓步，右拳下格（防下段），左拳收回腰侧。

（15）左脚前踢，两拳置于体侧，左脚向后落步呈左三七步，右拳外格（防中段），拳心向下，左拳收回腰侧。

（16）以右脚为轴，身体左转，同时左脚向 F 移步呈左弓步，左拳下格（防下段），右拳收回腰侧。

（17）右脚前踢，两拳置于体侧，右脚向后落步呈右后弓步，左拳向外横截（防中段），右拳收回腰侧。

（18）以左脚为轴，身体左转，右脚向 A 移步（面向 E）呈右三七步，左拳变手刀向外横格（攻中段），右拳变手刀置于胸前，掌心向上。

（19）左脚向 A 退步呈左三七步，右拳变手刀向外横格（攻中段），左拳变手刀置于胸前，掌心向上。

（20）右脚向 A 退步呈左弓步，左手刀旋臂下按于腹前，掌心向下，右手刀变拳收回腰侧。

（21）两脚不动，右拳前冲拳（攻中段），左手刀变拳收回腰侧。

（22）左脚向 A 退步呈右弓步，右拳变手刀旋臂下按于腹前，掌心向下，左拳收回腰侧。

（23）两脚不动，左拳前冲拳（攻中段），并喊"呀"，右拳收回腰侧。

2. 技术要点

抡踢进攻时腿要走直线，并体现出一定的击打距离，前踢时腿部要迅速有力。

三、收势

右脚向后撤步，与左脚平行，两手握拳屈臂于腹前呈准备姿势。

第七节　太极七章

太极七章，代表太极八卦中的"艮"。"艮"的含义是山，坚强、刚毅。套路的表现应包含山一般厚重的力度，内心保持宁静稳定，并注意动作的节奏。

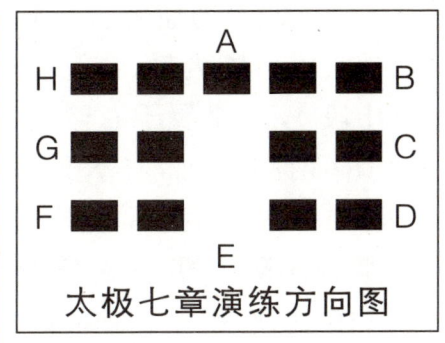

太极七章演练方向图

一、预备势

站于 A 方向位置，面向 E 方向，两脚与肩同宽，自然站立，两手握拳屈臂于腹前，拳心向内，眼睛平视前方。

二、具体动作

1. 动作方法

（1）左转身体向 B 呈左虚步（重心在右腿，左脚尖着地），右手变掌置于腹前（防中段）。

（2）右脚前踢，右脚向后落步呈左虚步，左臂向外格防（防中段），右拳收回腰侧。

（3）以左脚为轴，身体右转向 H 呈右虚步，左拳变掌置于腹前（防中段）。

（4）左脚前踢，左脚向后落步呈右虚步，右臂外格防（防中段），左拳收回腰侧。

（5）左转身体，左脚迈向 E 呈右三七步，两拳变手刀，左手刀向下格防（防中段），掌心向下，右手刀屈肘置于胸前，掌心向上。

（6）右脚向 E 移步呈右三七步，右手刀向下格防（防下段），掌心向下，左手刀屈肘置于胸前，掌心向上。

（7）以右脚为轴，左脚向 C 迈进呈左虚步，立右掌置于腹前（防中段），左掌置于右臂下，掌心向下。

（8）两脚不动，右掌变拳向上勾拳。

（9）以左脚为轴，身体右后转，面向 G 呈右虚步，左拳变掌置于腹前（防中段），右拳变掌置于左臂下，掌心向下。

（10）两脚不动，左掌变拳向上勾拳（攻上段）。

（11）右脚不动，左脚向右脚并拢，身体直立向 E，右手握拳屈肘置于胸前，左拳变掌按于右拳面。

（12）左脚向 E 迈进呈左弓步，左掌变拳上格，拳心向内，右拳下格（防下段），两脚不动，右拳上格，拳心向内，左拳下格（防下段）。

（13）右脚向 E 迈进呈右弓步，右拳上格，拳心向内，左拳下截（防下段）两脚不动，左拳上格，拳心向内，右拳下格（防下段）。

（14）以右脚为轴，身体左后转，同时左脚向 F 移步呈左弓步，双拳由下向前上拳击对方（攻中段）。

（15）右腿屈膝向前上方顶击，两脚下压，拳心向下，右脚向前落步，左脚上步落于右脚后面，脚尖着地呈交叉步，双拳由下向前上拳击对方（攻中段），拳心向上。

（16）左脚向 D 退一步呈右弓步，双臂交叉呈十字形向下格防（防下段）。

（17）以左脚为轴，身体右后转，同时右脚向 D 移步呈右弓步，双拳由下向上拳击对方（攻中段）。

（18）左腿屈膝向前上方顶击，两拳下压，拳心向下，左脚向前落步，右脚上步落于左脚后面，脚尖着地呈交叉步，双拳向前拳击对方（攻中段），拳心向上。

（19）右脚向 F 退一步呈左弓步，双臂交叉呈十字形向下截拳（防下段）。

（20）以右脚为轴，身体左转，左脚向 A 移步呈左前探步，左拳前冲拳（拳眼向上），右拳收回腰侧。

（21）右脚旋踢，落右脚于 AE 线上呈马步，目视 G，右臂屈肘，向 A 横击，左手按于右前臂处。

（22）右脚不动，左脚略回撤呈右前探步，右拳前冲拳（拳眼向上），左拳收回腰侧。

（23）左脚旋踢，落左脚呈马步，目视 C，左臂屈肘向 A 横击，右手按于左前臂处。

（24）两脚不动，左拳变手刀向外横格（防中段），右拳收回腰侧。

（25）右脚向 A 迈进呈马步，右拳向右侧平冲拳，同时发声喊"呀"，左拳收回腰侧。

2. 技术要点

双拳上勾要到位，速度要快；快速顶膝要用腰部力量来带动，全身配合发力，一定要突出顶膝的力感。

三、收势

以右脚为轴，身体左后转，左脚向后撤步，与右脚平行，两手握拳屈臂于腹前呈准备姿势。

第八节 太极八章

太极八章，代表太极八卦中的"坤"。"坤"的含义是大地。大地是万物之源，学习者练习此形时应具有大地般厚德载物的精神。

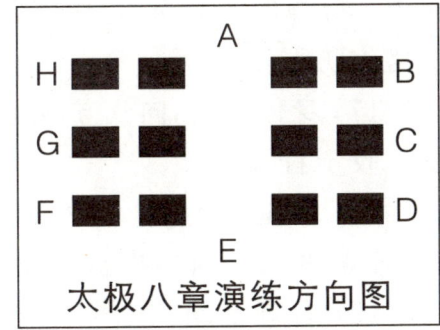

太极八章演练方向图

一、预备势

站于 A 方向位置，面向 E 方向，两脚与肩同宽，自然站立，两手握拳屈臂于腹前，拳心向内，眼睛平视前方。

二、具体动作

1. 动作方法

（1）身体右转，左脚向 E 迈进呈右后弓步，左拳外格，右臂屈肘置于腹前，重心前移呈左弓步，右拳前冲拳，左拳收回腰侧。

（2）右脚上摆，身体腾空，左脚借势向上前踢，双腿落地呈左弓步，左臂外格（防中段），右拳收回腰侧，然后右拳前冲拳（攻中段），左拳收回腰侧，再以左拳前冲拳（攻中段），右拳收回腰侧。

（3）右脚向前迈进呈右弓步，出右拳前冲拳（攻中段）。

（4）以右脚为轴，身体左后转，左脚迈向 F 呈右弓步，左臂下格（防下段），右臂屈肘上格（防上段）。

（5）身体左转，面向 F 呈左弓步，收左拳于右肩前，出右拳向上勾拳（攻上段）。

（6）左脚向 D 移步和右脚呈交叉步，双臂向体侧格挡，拳心向上；右脚向 D 撤步呈左弓步，左臂屈肘上格（防上段），右臂下格（防下段）。

（7）身体右转，向 D 方向呈右弓步，右拳向上勾拳（攻上段），左拳收于右胸前。

（8）以左脚为轴，身体右后转，同时右脚向 A 退步呈右三七步，左拳变手刀向外横截，右拳变手刀置于胸前。

（9）右脚不动，左脚略向 E 进步呈左弓步，右手刀变拳向前平冲（攻中段），左手刀变拳收回腰侧。

（10）右脚前踢后落回原处，左脚向 A 退步呈右虚步，右拳立掌下格，左拳收回腰侧。

（11）右脚不动，左脚向 C 迈进呈左虚步，两拳变手刀，左手刀向外横截（防中段），右手刀置于胸前。

（12）左脚前踢，落下呈左弓步，右拳前平冲拳（攻中段），左拳收回腰侧。

（13）右脚不动，左脚略回撤呈左虚步，左拳变掌（防中段），右拳收回腰侧。

（14）以左脚为轴，身体右后转，面向 G 呈右虚步，右拳变手刀向外横截（防中段），左手刀置于胸前。

（15）右脚不动，左脚前踢落下后呈右弓步，左手刀变掌前平冲拳（攻中段），右拳收回腰侧。

（16）左脚不动，右脚略回撤呈右虚步，右拳变掌（防中段），左拳收回腰侧。

（17）左脚不动，身体右转，右脚移向 A 呈左三七步，右掌变拳下格（防下段），左拳收回腰侧。

（18）左脚前踢，左脚落下蹬地使身体腾空接右脚前踢，双脚落地后呈右弓步，右拳上勾拳（攻上段），左拳向前平冲拳（攻中段），右拳收回腰侧，然后右拳向前平冲拳（攻中段），左拳收回腰侧。

（19）以右脚为轴，身体左转，左脚向 B 移步呈右三七步，左拳变手刀向外横截（防中段）。

（20）左脚向 B 上步呈左弓步，右肘由外向内横击，左手刀变左拳收回腰侧。

（21）双脚不动，向前出右勾拳（攻上段），然后出左拳前平冲拳（攻中段），右拳收回腰侧。

（22）左脚不动，身体右转，右脚略回撤，面向 H 呈左后弓步，右拳变手刀向外横截（防中段），左拳收回腰侧。

（23）右脚向 H 上步呈右弓步，左肘由外向内横击，右手刀变拳收回腰侧。

（24）双脚不动，向前出左勾拳（攻上段），右拳收回腰侧，然后右拳向前平冲拳（攻中段），左拳收回腰侧。

2. 技术要点

前踢时要向前送髋，落腿连接要快，连续冲拳时降低身体重心。

三、收势

左脚向后撤步与右脚平行，两手握拳屈臂于腹前呈准备姿势。

5

第五章

比赛规则

制定各项运动的比赛规则有助于比赛参与者了解运动规则的基本知识，以使其在比赛过程中游刃有余地发挥技术水平。比赛观赏者只有在了解基本规则的前提下，才能够充分体验观赏比赛的乐趣。

第一节 比赛方法

参赛队员要按照一定的方法进行比赛，并须遵循一定的规则，以使比赛有序进行。

一、重量级别

重量级别为成人部（高中、大学）、中学部、小学部。

(kg)

	成人部（高中、大学）男	成人部（高中、大学）女	中学部男	中学部女	小学部
特轻级	50 以下	43 以下	36 以下	36 以下	20 ~ 30
次最轻级	50 ~ 54	43 ~ 47	36 ~ 40	36 ~ 39	30 ~ 32
最轻量级	54 ~ 58	47 ~ 51	40 ~ 44	39 ~ 42	32 ~ 34
次轻量级	58 ~ 64	51 ~ 55	44 ~ 48	42 ~ 45	34 ~ 36
轻量级	64 ~ 70	55 ~ 60	48 ~ 52	45 ~ 48	36 ~ 38
中轻量级			52 ~ 56	48 ~ 52	38 ~ 40
重轻量级	70 ~ 76	60 ~ 65	56 ~ 60	52 ~ 56	40 ~ 43
次中量级			60 ~ 64	56 ~ 60	43 ~ 46
中量级	76 ~ 83	65 ~ 70	64 ~ 69	60 ~ 64	46 ~ 49
次重量级			69 ~ 74	64 ~ 68	49 ~ 52
重量级	83 以上	70 以上	74 以上	68 以上	52 以上

二、比赛种类和方式

（一）比赛种类

1. 个人赛

个人赛是按各个体重级别的个人之间进行的比赛。但是根据需要，可以把相近两个级别合并后进行个人间的比赛。

2. 团体赛

团体赛有两种形式：

（1）团体之间的对抗赛，包括无限制的 5 人制、按体重级别的 8 人制、按体重级别的 4 人制。

（2）通过个人赛决定团体成绩。

（二）比赛方式

比赛方式有淘汰赛和循环赛两种。

三、比赛时间

比赛分 3 个回合，每个回合 3 分钟，中间休息 1 分钟。根据实际情况，比赛时间和回合可以调整。

四、比赛程序

1. 个人赛程序

（1）队员当听到主裁判喊"立正敬礼"的口令时，面向监督官敬礼，要求自然立正，两手握拳放于体侧，腰前屈约 30 度，头部前屈约 45 度行礼。

（2）队员当听到主裁判喊"左右向"时，相对而站，听到喊

"敬礼"时互相行礼。

（3）当主裁判喊"准备""开始"时，比赛开始。

（4）最后一个回合结束后，队员站在指定位置，听到主裁判喊"立正""敬礼"时，互相行礼，之后等待最后的判定。

（5）主裁判根据比赛判定的结果举起胜者的手，但是如果胜者因受伤不能回到比赛场地时，主裁判要举起胜方一侧自己的手。

（6）队员退场。

2. 团体赛程序

（1）双方队员按照比赛名单顺序，面向监督官各站成一路纵队。

（2）每一组队员按照个人赛的程序进行比赛。

（3）双方队员要在比赛场外指定的位置等待比赛，按照顺序对战。

（4）比赛结束后，双方队员进入比赛场地，面对面站好。

（5）主裁判宣布比赛结果时，举起胜方一侧自己的手。

五、允许使用的技术和进攻的部位

1. 允许使用的技术

（1）手　正确地握拳之后，用拳的正面攻击。

（2）脚　可以用踝关节以下的任何部位进行攻击，但是不能用踝关节以上的部位进行攻击。

2. 允许进攻的部位

（1）躯干部位指髋骨以上、锁骨以下被护具保护的部位。按照身材大小的不同，参赛者要严格选择佩戴不同型号的护具，并进行检查。

（2）头部以两耳为基准，头部的前面，只能用脚攻击。

第二节 裁判方法

在比赛过程中，裁判员通过履行其职责，进行正确的裁判工作，来保证比赛的公平、公正。

一、裁判员

裁判员的组成结构为：

1.5人制（使用一般护具时）。监督官1名，主裁判2名，副裁判2名。

2.3人制（使用电子护具时）。监督官1名，主裁判1名，副裁判1名。

二、评分

（一）得分部位

1.躯干部　包括胸、腹、两肋部。

2.头部　以两耳为基准，包括头部和颈部的前面部分。

（二）得分要素

得分的三要素：

1. 利用正确的进攻技术。

2. 打击正确的得分部位。

3. 打击的力量要强。

（三）得分标准

1. 得分一次记"+1"一次。

2. 得分统计三回合中所得的分。

3. 得分无效：

（1）进攻者进攻后故意跌倒时。

（2）进攻者进攻后有犯规行为时。

（3）进攻者利用犯规行为进行攻击时。

三、采分与标出

所得的分应即刻采分，并即刻标出，方法为：

1. 使用一般护具时用采分器或采分表，由副裁判采分。

2. 使用电子护具时：

（1）躯干部位的得分，由电子护具内的感应器自动记分。

（2）头部的得分，由副裁判的采分器或采分表记入。

四、犯规与处罚

1. 警告事项

（1）抓住对方的行为。

（2）用手、臂、肩等推对方的行为。

（3）用手、肩夹、抱对方的行为。

（4）故意越出警戒线的行为。

（5）背向对方,回避攻击的行为。

（6）故意倒地的行为。

（7）伪装疼痛的行为。

（8）用膝部攻击的行为。

（9）攻击阴部的行为。

（10）故意攻击下肢的行为。

（11）用手或拳攻击头部的行为。

（12）队员自己举手示意得分或扣分的行为。

（13）队员或教练员有失风度的行为。

2. 扣分事项

（1）对方倒地后进行攻击的行为。

（2）主裁判喊"分开"后进行攻击的行为。

（3）故意攻击背部的行为。

（4）用手或拳故意攻击头部的行为。

（5）用头顶对方的行为。

（6）越出限制线的行为。

（7）抓住对方进攻的脚,将对方摔倒的行为。

（8）队员或教练员严重有失风度的行为。

3. 赛事

犯规行为由主裁判处罚,方法为:

（1）属双重犯规时,选择一项比较严重的处罚。

（2）警告两次扣一分,警告一次不计。

（3）扣分一次记"-1"分。

（4）累计扣分三次即"-3"分,直接判"犯规败",警告和扣分的计算要统计三个回合。

五、优势的判定

（1）同分时，如果有扣分，得分次数多者占优势。

（2）有同分或不得分情况发生时，以比赛中掌握主动的情况为基准来判定优势。

六、比赛结果的判定

1. 打倒胜（KO 胜）

被对方正当的攻击打倒后，在 10 秒钟内不能恢复比赛，或主裁判判断被打倒者难以继续比赛，这时判对方胜。

2. 主裁判职权胜（RSC）

根据主裁判的判断或医生的诊断，一方运动员难以继续进行比赛，或者在计时 1 分钟以内不能恢复比赛者，或不服从主裁判决定时，主裁判有权直接判对方队员胜。

3. 判定胜

根据得分情况和占优势的情况判定胜负。

4. 对方弃权而获胜（弃权胜）

一方队员因受伤或其他理由弃权时，以及回合间休息后开赛时不按时到场，或本方教练认为自己队员处在劣势无法继续比赛，向场内扔白手巾时，都按弃权处理，并判对方队员胜。

5. 对方失去资格而获胜（失格胜）

一方队员丧失资格或称重不合格时，判另一方胜。

6. 对方犯规而获胜（犯规胜）

对方队员有"-3"分时，或主裁判判"犯规败"时，另一方胜。